高等教育组织间
合作形成机理研究

赵曙东　著

燕山大学出版社

·秦皇岛·

图书在版编目（CIP）数据

高等教育组织间合作形成机理研究 / 赵曙东著. —秦皇岛：燕山大学出版社，2023.9
ISBN 978-7-5761-0330-4

Ⅰ．①高… Ⅱ．①赵… Ⅲ．①高等教育－国际合作－研究 Ⅳ．① G648.9

中国版本图书馆 CIP 数据核字（2022）第 083674 号

高等教育组织间合作形成机理研究
GAODENG JIAOYU ZUZHI JIAN HEZUO XINGCHENG JILI YANJIU
赵曙东　著

出 版 人：陈　玉			
责任编辑：李　冉		策划编辑：李　冉	
责任印制：吴　波		封面设计：刘韦希	
出版发行：燕山大学出版社		电　　话：0335-8387555	
地　　址：河北省秦皇岛市河北大街西段 438 号		邮政编码：066004	
印　　刷：涿州市般润文化传播有限公司		经　　销：全国新华书店	

开　本：700mm×1000mm　1/16		印　张：8.75	
版　次：2023 年 9 月第 1 版		印　次：2023 年 9 月第 1 次印刷	
书　号：ISBN 978-7-5761-0330-4		字　数：138 千字	
定　价：48.00 元			

前　言

20世纪下半叶以来，世界高等教育从精英教育走向大众化教育，资源供给矛盾凸显，教育组织希望通过合作缓解资源稀缺和不均衡问题，实现育人目标。组织内各主体均表现出了强烈的合作意愿，合作的深度、广度不断拓展，但也出现了合作各方的实际收获与合作预期存在差异的问题。本书通过认知高等教育组织的资源供给状况和不同主体的合作需求，提出合作形成的路径和伙伴选择策略，对拓展组织间合作理论及指导高等教育组织间开展合作，具有重要的理论意义和实践价值。

组织的合作源于资源的稀缺，高等教育组织开展合作的根本原因是高等教育组织发展预期的多样性和组织资源配置不均衡。本书从三方面开展研究：合作的动因，即高等教育组织的资源供给状况和发展需求；合作形成的影响因素和形成路径；合作伙伴的选择机制。全书共分五章，主要内容如下。

第1章是问题的提出。本章从高等教育的起源和发展、高等教育合作的情况出发，通过梳理文献和开展调查问卷，发现目前合作中表现出合作的主导者和参与者都有强烈的合作预期，但合作各方的实际收获与合作预期存在差异。在此基础上，围绕"合作各方的实际收获与合作预期存在差异"这一问题，提出了明确的研究内容、方法和技术路线。

第2章是相关理论和研究综述。综合梳理了组织间合作和组织间关系的理论，分析了高等教育组织及其合作动因、影响合作生成的因素、伙伴选择机制等研究现状，为研究"合作各方的实际收获与合作预期存在差异"这一问题奠定了理论基础，提供了研究思路。

第 3 章主要分析了高等教育组织间合作的动因。从高等教育组织的本质属性和特征出发，从合作需求和资源供给两个视角研究高等教育组织间合作的动因，也为研究合作形成的影响因素、路径和伙伴选择奠定了基础。

第 4 章研究了高等教育组织间合作的影响因素及机理。从合作的始点，基于合作需求和资源差异的视角，来研究"如何构建合作以减少合作各方的实际收获与合作预期之间存在的差异"的问题。

第 5 章研究了基于组织生态理论的合作伙伴选择机制。基于高等教育组织的特征，从组织生态理论出发，在合作存在问题的分析和合作形成路径研究的基础上，辨别不同高等教育组织所处的生态群落和生态位，并从满足合作需求和资源互补的要求，提出并验证了高等教育组织间合作中伙伴选择的机制。

需要说明的是，尽管本研究得出了一些有意义的结论，但是由于笔者理论基础比较单薄，加上时间的限制，研究仍存在一定的局限性，主要包括：

（1）在组织资源的度量中，一方面，只选取了 2016 年全国教育统计数据，没有选取多年度数据进行纵向分析，结果的深度不够；另一方面，统计数据更利于表达组织有形资源的情况，对无形资源的测度方面还有欠缺。虽然数据分析时选用了体现高校办学实力的数据，但相对有形资源的数据而言，无形资源的数据比较缺乏，可能会影响对高校资源位置的判别。

（2）合作的主导者包括教育组织主管部门和教育组织自身，在合作预期的调查中，对组织自身的合作预期通过管理者的反馈呈现，但对教育组织主管部门对合作预期方面的研究还不完善。

（3）合作的问题表现为合作预期与实际收获之间的差异。在合作路径、伙伴选择的精准指导方面，还可以进一步深入挖掘。

目　　录

第 1 章　绪　　论

　　高等教育是培养高层次人才的过程，高等教育合作是高等教育组织之间为应对环境变化、满足教育需求及实现组织发展而进行的活动和过程。20 世纪下半叶以来，高等教育从精英教育走向大众化教育，知识经济、全球化、信息化、第四次工业革命的深入，使教育资源供给矛盾愈加凸显，高等教育出现了超越国家、民族的合作。这些合作涉及面广、形式多样、内容丰富、影响深远，但背离初衷或无以为继的案例也时有发生。目前在高等教育组织间合作的研究中，多以已经形成的具体的教育合作案例为研究对象，多从教育组织内部的运行模式、机制等进行研究，对于高等教育合作的根本原因和形成机理的研究较少。

　　针对"合作各方的实际收获与合作预期存在差异"这一主要问题，从合作的始点出发，研究高等教育组织间合作的根本原因、影响因素、形成路径和伙伴选择；在一定程度上拓展了现有高等教育组织间合作的研究范畴，也为学校的主办者和高等教育组织制定教育发展战略和教育合作政策以及高等教育组织间形成持续稳定的合作提供了新的思路。

1.1 研究背景与意义

1.1.1 研究背景

　　高等教育是在完成中等教育的基础上进行的专业教育，是培养高级专门人才的社会活动。高等教育组织是指为达到一定的高等教育目的，根据一定的规则而建立起来的实体 [1]。本书以高等教育组织为对象，研究高等教育组织间合作的形成机理，研究背景主要介绍三方面的内容：高等教育的起源和发展、高等教育合作的情况、高等教育合作中出现的问题。

（1）高等教育的起源和发展。现代高等教育产生于 1088 年，产生的主要原因包括工商业迅速发展、城市兴起、市民阶级迫切要求提高文化水平[2]。在欧洲，从成立顺序上看，1088 年博洛尼亚大学在意大利的工商业城市博洛尼亚产生，1150 年巴黎大学形成，1168 年牛津大学成立，1209 年剑桥大学设立。12 世纪后，意大利的萨拉尔诺大学、西班牙的萨拉曼加大学、德国的海德堡大学、奥地利的维也纳大学等相继设立。14 世纪末，欧洲已有 47 所大学，遍布欧洲各地，而且绝大多数延续至今，体现出持续的生命力。

我国现代高等教育起源于清朝末年，1895 年，天津中西学堂改办为北洋大学堂，被认为是中国近代第一所大学（也有学者认为中国第一所现代大学是上海的圣约翰学院）。1898 年，京师大学堂成立，这也是我国近代第一所国立大学和综合大学。

从真正意义上的现代高等教育产生，到目前高等教育蓬勃发展，经历了近千年历程。乔雪峰[3]将这段历史划分为三个阶段：第一阶段从 11 世纪末到 19 世纪初，高等学校是各派学者活动的阵地，并主要以行会组织或学术团体的形式存在，相对来说比较封闭；虽然在意识形态上会受到当局的一些影响，但由于其活动范围有限，大体上学术文化氛围还是自由的。因此，当时大学独立于社会而存在，与社会其他组织交流很少，形成独特的意识形态和文化环境。第二阶段从 19 世纪初开始到 20 世纪初，随着工业革命的发展和经济的突飞猛进，高等教育的学科向多样化发展，大学的规模逐步扩大，高等教育开始向多样化发展。1810 年，德国教育之父威廉·冯·洪保创办柏林大学（原名柏林弗里特里希－威廉大学），他提出了著名的"洪堡大学的三原则"，即大学自治、学术自由、教育与科研相统一，并提出了"为科学而生活"的口号，这一思想影响了大学的发展。进入现代之后，高等教育不再是单纯进行学术研究和文化传播的场所，而需要直接为社会提供服务。1862 年，美国颁布了《莫里尔法案》，提出发展农业和工程技术教育，培养工农业方面的高级专业人才。这一法案促进了美国新型农工学院和其他类型大学的发展，在高等学校与社会之间建立了有机联系。20 世纪初，美国威斯康星大学校长范·海斯将这一思想发扬光大，并最终形成了"威斯康星思想"，使服务社会成为高等学校继人才培养、科学研究之后的又一项主要职能。高等教育与社会经济发展紧密结合起来，高等教育组织成为社会中一个重要的组成部分，大学经历着从传统的学院精神向经济理性主义和新管理主义意识的转化，其组织结构也出现了新的改变。

进入 20 世纪后半叶，随着社会经济的快速发展，社会对高级专门人才需求迅速增长，个人对接受高等教育的愿望也更加强烈，政府、学校和其他社会团体推动了高等教育从精英教育走向大众化教育。随着知识经济、全球化、信息化、第四次工业革命等变革的兴起，高等教育在全世界范围内迅速发展，这些变革对高等教育的发展和教育组织的结构提出了新的挑战。

（2）高等教育合作的发展。教育合作是由两个或两个以上的教育机构、团体或其他组织形式，在平等、独立并保持各方教育体系完整的原则上相互协调配合、共同采取的教育行动[4]。高等教育合作是广泛而具体的：各类高校、政府和社会组织，都可以参与高等教育合作；合作内容几乎涉及高等教育的各个方面，师资建设、人才培养、科学研究、社会服务等，都有合作在进行；合作的主导者既有政府和国际组织，也有学校的主办者及其他社会组织，还有教育组织自身以及组织内的教育者和受教育者。

根据合作节点的数量，可以将高等教育组织间的合作分为两种：一种是由若干节点组成的，通过或松散，或严格的联系组成的教育合作组织（或联盟）；另一种是两个节点之间通过合作协议组成的或广泛，或具体的教育合作伙伴关系。按合作节点的组织属性也可分为两种：一种是合作节点来自国家或政府组织，即通过国家层面开展的教育方面的合作；另一种是合作的节点由教育机构或团体组成，即合作伙伴之间就教育所开展的合作。由此，基于合作伙伴的数量和属性，可以将高等教育组织间合作分为两种方式四种类型。两种方式分别是合作联盟和双边合作，四种类型包括国家间的教育合作联盟、多个教育组织组成的高等教育联盟、两个国家之间开展的高等学校之间的合作、两个教育组织之间开展的高等学校之间的合作，见图1-1。

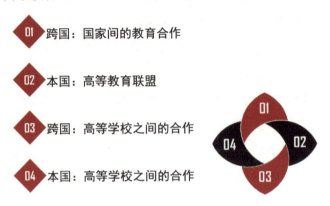

图1-1　高等教育组织间合作的类型

为了进一步梳理高等教育合作的产生、发展的进程和存在的问题，选取了联合国教科文组织、欧洲高等教育一体化进程、高校教育联盟和高校间双边合作等四个类型，就合作初衷和合作进程作进一步的阐释。

联合国教科文组织（UNESCO）。联合国教科文组织是联合国下设的国际组织，其前身是20世纪20年代的国际智力合作所和创立时为非政府组织（NGO）的国际教育局。1945年，世界反法西斯战争刚刚结束，人类在又一次反思战争与和平的真谛时意识到，"战争起源于人之思想，故务需于人之思想中筑起保卫和平之屏障"[5]；希望通过教育、科学及文化来促进各国间的合作，对和平与安全作出贡献。联合国教科文组织成立70多年来，已从最初的31个成员国发展到包括193个成员国、11个准成员的庞大的合作组织，在教育、科学、文化、新闻出版等领域的广泛性国际合作，并对世界教育，特别是在发起全民教育、倡导教育公平、构建终身学习社会等方面产生了重大影响。但是，由于教科文组织内的各个国家的政治体制、文化传承、教育理念等不尽相同，其倡导的理念如何被成员国接受并内化为政府的政策；以及成员国如何借助联合国教科文组织实现自身软实力的构建和提升，始终是需要面对的问题[6]。

　　欧洲高等教育一体化。欧洲高等教育一体化是欧洲一体化的组成部分，但最初的欧洲一体化中并没有涉及教育合作的内容。1976 年，《教育领域行动计划》才确定了欧共体层面的教育政策目标。20 世纪 80 年代初，欧共体在对其内部爆发的经济危机的反思中意识到，单个国家无力抵抗经济大潮的衰退，经济一体化是欧洲发展的必然途径；同时也意识到仅仅靠经济一体化无法赢得欧洲公民的支持，只有将合作拓展到政治、文化、教育等领域，才能共同推动欧洲的发展 [7]。这一认识既推动了欧洲政治一体化的进程，也促进了教育合作的快速发展。1999 年，以欧洲 29 个国家签署的欧洲高等教育改革实质性文件——《博洛尼亚宣言》为起点，欧洲各国的高等教育合作得到了快速发展。到 2015 年末，参加该"进程"的国家已扩大到了 47 个。这一合作是通过政府间合作共同推进高等教育改革，通过统一高等教育体制、规范高等教育质量评估、促进师生在欧盟范围内的流动等措施，为欧洲知识经济发展储备了丰富的人力资本。值得注意的是，欧洲高等教育一体化在最初发展缓慢的原因包括教育领域的行动在共同体内缺乏法律依据、成员国的实力对欧共体所有权有所限制、各国教育制度的差异，以及合作制度中的国家导向等；90 年代后欧洲高等教育合作的快速发展则得益于欧洲政治一体化的促进。2003 年，继《博洛尼亚宣言》后，伊拉斯莫计划实施，具体而持续地推进了欧洲高等教育的发展。

　　高等教育合作联盟。1965 年，美国东北部地区的 8 所大学组成了体育赛事联盟（The Ivy League）；之后，为适应社会变革、降低学校经营成本、满足学习者对教育资源的需求、提高学校社会地位、适应市场需求 [8]，逐步形成了以"教育合作"为内容的合作联盟并确定了联盟的宗旨：通过院校间的合作和竞争，提高大学声望和学术水平；积累学生的学习经验，扩大学习机会；丰富学生的生活；等等。随着该联盟影响力的不断扩大，"常青藤"这一概念几乎变成了"一流大学"的代名词。英国罗素大学集团（The Russell Group，1994 年）、澳大利亚八校联盟（1995 年）等均被冠以本国的"常青藤联盟"。我国目前已成立了包括长三角高校合作联盟（2005 年）、中国"九校联盟"（2009 年）等多个联盟，其中的"九校联盟"包括北京大学、清华大学等 9 所高校，成立之初就签订了《一流大学人才培养合作与交流协议书》，内容主要包括互换本科生和研究生培养，互相承认所修学分；举办暑期学校（C9-Summer School），与美国常青藤联盟、澳大利亚八校联盟紧密合作；等等。这些联盟的运行中，初步提出和实践了"互惠互利"和"和而不同"的合作思想，但合作的实际收获一直是研究者和参与者关注的问题。

高校间的教育合作。高校间的合作既包括国内高校间的合作，也包括不同国家之间的双边和多边的合作，是高等教育组织间合作最为广泛的类型，合作内容包括办学研讨、教学资源共享、师资培训（含访问学者）、学生培养（含交换培养）、科研合作、体育文化交流等，合作形式有教师和学生的流动、项目制合作、组建独立机构等。以中外合作办学为例，根据教育部发布的统计数据，截至 2017 年 12 月，我国教育部批准的中外合作办学项目达 737 个。对合作办学的研究主要集中在办学现状、办学模式、人才培养研究、合作创新研究等 [9-12]。综合其观点，当前合作办学中存在的主要的问题有低水平重复办学、办学质量偏低、过分追求经济利益等。

（3）高等教育合作出现的问题。上述这些合作，或延续几十年，或刚刚开始，或已然终止。合作进程中，合作的主导者或主动、或被动地进行着调整，以适应不断变化着的外部环境和内部组织。而合作的实际效果如何呢？

联合国教科文组织主张各个国家参照国际组织在教育发展上的政策优先领域制定本国教育政策，但各国教育制度的差异以及这些制度中的国家导向，导致其教育理念和政策得不到组织成员在各自组织内部的普遍推广，2017 年以色列、美国还相继宣布退出联合国教科文组织。欧洲高等教育一体化从最初的发展缓慢到后期的快速发展，欧洲一体化进程所促进的政治体制、经济体制、法律保障等的统一促进了教育合作的开展，"通过经济、政治、文化、教育共同合作，才能推动欧洲发展"成为欧洲高等教育界的共识。"二战"后社会资源过度匮乏，促进了以资源共享为特征的高校合作模式的产生和发展，常青藤联盟的成功证明可以通过院校间的合作和竞争，提高大学的声望和学术水平。越来越多的高校战略合作联盟、双边或多边的校际合作，则出现了不同的结果。以国内中外合作办学机构为例，既有上海纽约大学毕业生获得国内外用人单位和高校、研究机构的青睐；也有北京工业大学与爱尔兰都柏林大学因在合作中的共赢而续签第二轮合作协议；但也有中山大学与卡耐基梅隆合办的中山大学－卡耐基梅隆学院在合作两年后即夭折。由上可知，从组织的视角看，在高等教育组织间合作中，合作各方的实际收获与预期收益的差异，直接影响了合作的持续和稳定。当实际收获与合作预期收益差异较小时，合作得以持续；当合作各方或某一方认为实际收获与合作预期收益出现较大偏离时，退出合作的可能性将大为增加。

笔者对 31 所高校的 219 名管理人员、高校教师和在校学生三个群体开展了合作满意度调查，内容包括合作的意愿、合作的总体满意情况、合作的目的、合作的实际收获，其结果也表明了这种差异影响合作的持续和稳定。

在 219 份调查问卷中，97.72% 的人非常愿意和愿意参与教育合作。从群体上看，管理人员、高校教师、在校学生的合作意愿程度无明显差异，其中学生的意愿最强烈，其次是管理人员，高校教师的合作意愿相对最弱。83.81% 的人对与其他院校的合作持满意与比较满意的态度。从群体上看，在校学生、管理人员、高校教师的满意度依次降低。合作意愿调查结果见表1-1，合作满意度的调查结果见表 1-2。

表 1-1 合作意愿调查结果

被调查者	非常愿意	愿意	一般	不愿意	非常不愿意
总体比例	62.56%	35.16%	1.83%	0	0.45%
管理人员比例	62.93%	34.83%	1.12%	0	1.12%
高校教师比例	54.84%	43.55%	1.61%	0	0
在校学生比例	69.12%	27.94%	2.94%	0	0

表 1-2 合作满意度调查结果

被调查者	满意	比较满意	一般	比较不满意	非常不满意
总体比例	35.26%	48.55%	14.45%	1.16%	0.58%
管理人员比例	20.63%	58.73%	19.05%	0	1.59%
高校教师比例	18.52%	57.41%	20.37%	3.70%	0
在校学生比例	67.86%	28.57%	3.57%	0	0

对比合作目的和合作的收获的人数分布情况（见表 1-3），我们发现，在清楚了解合作目的的被调查者中，认为合作中有很大收获的占 63.64%；比较清楚合作目的的被调查者中，认为有很大收获的占 13.24%；一般清楚合作目的的被调查者中，认为有很大收获的只占 5.26%。数据表明：一方面，合作收获与合作目的正相关，合作主体越了解合作目的，其在合作中获得的收获也越大；另一方面，不同合作主体对合作收获的感知也存在差异性。

表 1-3　合作收获与合作目标的对比

合作目的的了解程度	合作的实际收获				
	有很大收获	有较大收获	有一些收获	没有收获	有负面收获
清楚	63.64%	30.91%	5.45%	0	0
比较清楚	13.24%	58.82%	26.47%	1.47%	0
一般清楚	5.26%	21.06%	73.68%	0	0
不太清楚	0	33.33%	66.67%	0	0
不清楚	0	0	0	100.00%	0

由上可知，高等教育组织的举办者、组织自身及组织内的个体都有强烈的合作愿望，并直接推动了高等教育组织间合作的开展。合作进程中，出现了合作各方对合作的满意度不高、合作收获与合作需求存在较大差异的问题，这是造成合作或持续或消亡的根本原因。

1.1.2 研究意义

在管理学研究中，组织间合作的研究主要集中在企业型的组织网络，部分研究基于战略网络，但是在高等教育组织这一具有公益性属性和鲜明的社会、政治、文化特征的组织合作的机理方面的研究还不够深入。在高等教育学研究中，对合作的研究主要集中在具体的合作案例，对高等教育组织间合作的组织需求、资源供给、路径选择的基本规律也未能完全把握，对合作机理的挖掘尚不充分。本研究基于实现合作的持续性和稳定性的需要，从"合作收获与合作预期存在差异"这一问题入手，研究产生差异的原因、影响合作形成的因素、合作形成的路径和伙伴选择机制，为具体教育合作的构建提供理论支持。通过对高等教育组织间合作的形成机理的研究，拓展了组织理论和组织间合作的研究范畴。本研究的伙伴选择机制、案例分析等实证分析及其结论能为组织间合作的生成提供决策参考。

（1）理论意义。社会的分工、教育的分化与教育组织的产生与发展存在一定的关系，有着内在的逻辑联系。教育组织对外部环境有较强的环境感知能力，当外界环境变化时，教育组织会从自身生存和发展出发，主动适应外部环境的变化和要求。高等教育组织作为一种具有鲜明特点的公益性社会组织，其表现出的对外部环境和资源的感知、适应及组织自身的遗传、选择、变异等适应性特征，与企业的组织特征有所不同。本书基于对高等教育组织本质属性的阐释，通过对资源供给和合作需求的分析，回答了导致高等教育组织间合作的收获与合作预期存在差异的根本原因，并在此基础上分析了高等教育组织间合作形成的影响因素，分析个体层、关系层、收益层和环境层对合作生成的作用机理，从而将组织理论和组织间合作理论在高等教育组织理论研究方面有所拓展和深入。

（2）实践意义。合作主体之间的需求差异和组织资源供给矛盾，会对合作构建的路径和伙伴的选择产生影响。本研究从组织生态学理论出发，采用问卷调查、统计分析、案例研究等方法，对高等教育组织各主体的合作需求、资源供给状况进行了深入的解析。在此基础上提出的伙伴选择机制和算法，可以为高等教育组织间合作的政策制定、制度设计以及具体合作案例中的伙伴选择提供帮助。

1.2 研究问题及内容

1.2.1 研究问题

本研究从合作的始点，即合作的形成，研究合作进程中出现的收获与预期收益差异的问题。其主要内容包括：合作的动因，即高等教育组织的资源供给状况和发展需求，合作形成的影响因素和形成路径，以及合作伙伴的选择机制。引发合作的根本原因是高等教育组织发展的预期的多样性和组织资源配置不均衡。目前研究中，对高等组织间的资源状况和合作各主体间的预期差异的系统分析涉及较少，对合作形成的路径的认知尚不全面，对这些差异所引发的合作形成路径的研究也有待深入。因此，本书以高等教育组织为研究对象，从组织与组织内个体的发展需求和高等教育组织的资源供给状况，分析合作产生的根本原因；从个体层、关系层、收益层和环境层四个维度，梳理合作形成的影响因素和形成路径；在此基础上，从组织生态学的视角，提出组织的生态位算法和伙伴选择策略。

1.2.2 研究范围的界定

高等教育包括普通高等教育和成人高等教育，两者的区别主要体现在教育对象和学习形式的不同。普通教育的对象主要是处于成长阶段的青少年，采取全日制教学形式；成人教育的对象是成年人，一般实行非全日制教学形式。本书的研究对象为普通高等教育，若未特别说明，书中的教育、高等教育均特指普通高等教育。

高等教育组织通常包括以高层次的学习与培养、教学、研究和社会服务为其主要任务和活动的各类教育机构。本书仅讨论包括研究型大学、教学研究型大学、教学型本科院校、高等专科及高等职业学校在内的普通高等学校的教育合作。若未特别说明，文书的高等教育组织与高校含义相同。

本书所研究的高等教育组织间合作，是指由两个或两个以上的高等教育组织，在平等、独立并保持各方教育体系完整的原则上开展的教育方面的合作，注重从人才培养方面的合作进行探讨。从前述可以发现，合作的主要驱动来自政府和组织；因此，为了研究方便，我们将其划分为政府主导型、个体主导型和组织间协调型三种类型。需要说明的是，这三种类型并不是严格割裂的，政府主导型的合作也需要组织的积极参与和组织间的相互协调，组织间自发的合作也需要在社会支持的基础上开展。

1.2.3 研究内容

本书针对"合作的实际收获与合作预期收益存在差异"的问题，聚焦高等教育组织间合作的形成，从高等教育组织间合作的动因、影响因素及作用机理、伙伴选择机制三方面展开研究。

第一，研究高等教育组织间合作的动因。这部分内容是从组织的视角对"高等教育组织为什么要开展合作"进行的研究。通过对高等教育组织的本质属性和组织特征的梳理、归纳，分析合作产生的根本原因。通过对不同主体的合作需求和资源供给状况的研究，挖掘导致当前合作预期与实际收获存在差异的根本原因，为研究形成合作的影响因素和伙伴选择机制奠定基础。

第二，分析形成合作的影响因素及作用机理。这部分是在合作动因研究的基础上，从不同主体的合作预期收益和组织的资源能力状况两个视角，从外部环境、组织自身、组织间关系和个体需求四个维度，归纳合作形成的影响因素，运用解释结构模型分析各个影响因素之间的层次结构关系和作用机理，采用结构方程模型，验证合作生成的路径，并为伙伴选择机制提供支持。

第三，研究合作伙伴选择机制。这部分内容是在对合作存在问题的分析和合作形成路径研究的基础上，从组织生态理论出发，辨别不同高等教育组织所处的生态群落和生态位，基于满足合作需求和资源互补的要求，提出组织间合作中伙伴选择的机制。

1.3 研究方法和技术路线

1.3.1 研究方法

本研究主要采用问卷调查、解释结构模型、结构方程模型、主成分分析法、K-means 算法、案例研究等方法。

（1）问卷调查。问卷调查是收集研究资料的一种调查方法，也是一种实证方法。本书在理论分析的基础上，根据研究需要设计了合作需求和形成合作的影响因素的调查问卷，反馈回来的问卷就构成了研究合作需求和合作影响因素的原始数据。本书采用 SPSS 22.0 软件进行问卷数据的处理及分析。

（2）解释结构模型。解释结构模型是以定性分析为主的分析方法，可以较好地厘清形成组织间合作的影响因素之间的层次结构关系。实际研究中，根据影响因素之间的相关性，建立邻接矩阵和可达矩阵，对可达矩阵分解后，建立影响因素的解释结构模型。

（3）结构方程模型。结构方程模型是一种定量分析的方法，适用于建立、估计和检验变量之间的因果关系。合作影响因素的测量关系是无法通过观测直接得到的，传统的统计方法也解决不了这个问题。而结构方程模型能同时处理多个因变量，并检验理论模型与数据是否吻合。本研究运用结构方程模型，对形成高等教育合作的影响因素进行研究，寻找变量间的关系，探究合作的形成机理。本研究采用 AMOS 软件进行结构方程模型的运算，基础数据来源于调查问卷。

（4）主成分分析法和 K-means 算法。本研究对高校教育资源统计数据进行分析，得出了基于资源供应链的组织生态群落分布图，在此基础上，根据聚类算法的本质，提出了基于位置和距离的伙伴选择机制。

（5）案例研究。案例研究是通过案例调查与分析，对管理现象和问题进行描述、解释以及探索的研究方法。某高校交换培养项目对合作形成的不同路径进行分析，并提出建议。

1.3.2 技术路线

本研究的技术路线见图 1-2。

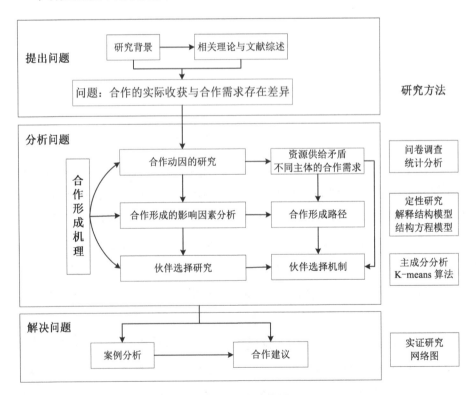

图 1-2　技术路线图

1.4 创新点

本研究以高等教育组织间合作的形成机理为题，旨在分析和解决高等教育组织间合作中实际收获与合作预期存在差异的问题。一是从高等教育组织的本质属性出发，从合作需求和资源供给的角度归纳了高等教育组织间合作的动因，解释了高等教育组织间合作中实际收获与合作预期存在差异的根本原因。二是总结提炼了高校教育组织间合作形成的影响因素，归纳并验证了教育组织间合作的"五层次三路径"的形成路径，提出环境层影响因素是组织间合作的关键因素，通过环境层构建或推动合作是当前形成教育合作的主要路径。三是基于组织生态理论，归纳了以资源供应链为基础、兼顾组织的相似度和资源的互补性的伙伴选择机制，提出了基于教育统计数据的划分生态群落和确定教育组织生态位的算法，并进行了实证检验。四是总结了高等教育组织间合作的形成机理，给出了形成合作的具体建议。本研究的创新点有三个，具体如下。

（1）研究验证了当前高等教育组织间合作中存在合作主体的实际收获与合作预期相偏离的现象，发现了组织及组织内个体对合作需求存在差异的根本原因。合作的多样性是高等教育组织多样性的具体呈现，但现行评价体系引发教师对科研的投入大于教学投入。社会环境的功利化引发了学生更关注毕业去向而非学业收获，呈现出了合作预期与育人目标偏离，这是造成高等教育组织合作中出现不同主体之间存在明显不同的根本原因。

（2）总结提炼了高等教育组织间合作形成的影响因素，归纳并验证了教育组织间合作"五层次三路径"的形成机理。政府主导型的合作：从政策环境到合作形成；个体主导型的合作：学习吸收能力→资源拓展→资源创新→合作形成；组织间协调型的合作：外部环境→资源差与合作导向→合作构建与协调→合作关系→资源匹配、拓展与创新→合作形成。从因素看，环境层是形成合作的最直接、最关键的因素。合作生成的三条路径中，优先级依次为政府主导型、组织间协调型、个体主导型。

（3）归纳了以资源供应链为基础、兼顾组织的相似度和资源的互补性的伙伴选择机制，提出了依据教育统计数据划分生态群落和确定教育组织生态位的算法。搜集了 65 所高等学校的资源数据，得出了高校生态群落分布图，组织在生态群落分布图中的点位即为组织的生态位。通过生态群落和生态位间距进行伙伴选择。生态位的距离越接近，伙伴的相似程度越高；生态位距离越远，资源互补性越强。选用某高校 2015 和 2016 年国内学生交换培养的合作学校间的资源位距离，验证了上述结论。

第 2 章　相关理论和研究综述

高等教育合作属于组织间合作的范畴，高等教育合作所呈现的问题是"合作各方的实际收获与合作预期存在差异"。本章将在组织间合作理论和组织间合作关系研究的基础上，分析高等教育组织及其合作动因、影响合作生成的因素、伙伴选择机制等研究现状，为研究"合作各方的实际收获与合作预期存在差异"这一问题奠定理论基础，提供研究思路。

2.1 组织间合作理论

社会的演进以降低社会成本和提高生产效率为前提。人类发展和技术进步，推进了社会资源的生产和组织方式的不断变化。由农业经济生产方式到工业经济生产方式，进而到现在的知识经济生产方式，每次生产形态的改进，都伴随着产业组织方式的演进[13]。随着全球化、信息化、网络化、第四次工业革命的兴起，环境越发复杂多变，任何组织都难以仅凭借自身的资源和能力来维持其可持续竞争力，组织间合作随之产生。

2.1.1 组织间合作理论的概述

组织是指为了达到一定的目的，经由分工合作及不同层次的权力和责任制度而构成的一种权责结构，是依据既定的目标，对成员的活动进行合理的分工和合作、对自身所拥有的资源进行合理配置和使用以及正确处理人们相互关系的活动。从组织行为来看，组织是有协作意愿和共同目的的群体协作行为；从组织结构来看，是实现这一组织行为的协作体系，是满足和实现组织行为的结构保证。

合作是个人与个人、群体与群体之间为达到共同目的，彼此相互配合的一种联合行动。戴维·波普诺指出，合作是一种互动关系，即由于有些共同的利益或目标对于单独的个人或群体来说很难或不可能达到，所以个人或群体就联合起来一致行动[14]。孟繁华等指出，合作是组织产生的基础，也是组织发展的重要机制，合作使组织获得一种共生机制和持续发展机制。人类社会发展的历史表明，社会组织的形成与建立，其实质就是借助联合的力量，以合作的形式创造生存与发展的最大空间[15]。

随着社会分工的不断细化，在长期的相互联系和相互作用下，组织间逐渐形成了相对比较稳定的合作结构形态。这样的组织群可以通过集体决策、联合行动等来生产产品或提供服务，以便更迅速地适应不断变化的环境，提高自身竞争力。自20世纪90年代以来，战略联盟、网络组织、价值网络、供应链协调等诸多新型组织间合作的形式得到了迅猛发展，也受到了学者们的高度关注，并从不同的角度对之进行了探讨。

Ireland在整理近年来有关组织间关系网络或战略联盟的实证文献的基础上指出，从战略联盟的角度将组织间关系分为资源基础观、知识基础观、社会逻辑观和组织学习理论四个视角[16]。Osborn和Hagedoorn将组织间合作的理论视角分为三个基本类别：以经济学为基础的类别（主要包括交易成本理论和控制视角），以公司战略分析为基础的类别（包括资源基础观、知识基础观等），以组织合作观为基础的类别（包括信任-承诺理论、网络理论等）[17]。我国学者何晴[18]将组织间关系研究分为资源基础观和社会网络理论两个视角。赵慧英[19]将企业之间关系的解释分为以下三种观点：资源依赖理论的观点、网络理论的观点和种群生态学理论的观点。

本部分将从资源基础观、知识基础观、社会逻辑观和组织学习理论介绍组织间合作的理论。

2.1.2 资源基础观

资源基础观主要将企业视为异质性资源以及能力的集合，通过对资源及能力适当地运用使其价值极大化，并解释及预测企业竞争优势的维系。在当今竞争空前激烈的环境下，仅仅依靠某一类型的资源并不足以使一个企业建立起可持续的竞争优势，因而必须发展组织间关系网络以获取不同的资源。Barney 指出组织竞争优势可建立在组织间资源以及资源特性之上，"资源"是构成组织间关系的最基本元素，也是组织成长与竞争优势的来源[20]。Gulati 指出资源已经超出了企业的边界[21]。企业通过异质资源的获取和利用给企业带来持续的竞争优势[22]。Spender 和 Grant 更指出，无形资源、信息资源和知识资源已被视为企业最重要的战略性资源，所以现代企业最重要的经营逻辑之一就是如何取得维持竞争优势的知识[23]。资源基础观基于对资源所有权的强调，认为科层制确保了资源不可流动性以及竞争优势，从而忽略了通过发展组织间关系和合作战略来实现资源的获取以创造价值[24]。美国密西根大学教授普拉哈拉德和拉马斯瓦密曾一针见血地指出，获取并非所有，并非只有通过所有权才能产生价值。尼科莱·福斯认为，资源基础论无法充分揭示网络组织所产生的系统效应，也无法解释其竞争优势不足的原因[25]，英国经济学家马歇尔所揭示的企业之间的竞争与合作产生的系统效应正好可以弥补资源基础论的不足。

2.1.3 知识基础观

知识基础观旨在探讨组织间合作、学习与知识转移，并强调通过组织间关系，单个企业可以创造知识获取和应用的机会。企业主要建立在促进其"核心能力"的基础上，这需要从组织间关系中获取互补性知识、信息和资产。企业的一个重要职能就是建立、应用并整合相关的知识，提供产品和服务的附加价值[26]。知识基础论强调知识是组织的基础性资源，发展组织间关系的主要目的就是将拥有不同知识的组织整合起来，并在此基础上创造出新的知识。

2.1.4 社会逻辑观

社会逻辑观也称为关系观，它强调组织间关系网络由企业与其他组织之间的一系列水平或垂直的相互关系组成，包括企业与供应商、分销商、顾客、竞争对手以及其他组织（甚至是本产业以外）之间的相互关系。社会逻辑观的这个主张与社会学的社会交换理论的主张相同，即人际互动不仅仅是经济交换，而且还是社会交换[27]。社会逻辑观重点关注组织间关系成员的互动关系、知识转移、吸收潜力与组织间合作能力，探讨了知识在组织间关系网络中的转移机制问题。社会逻辑观认为，在现实世界中，许多企业之间的合作关系本质上大多是与相同厂商的重复交易，如果以这种观点看待企业间交易关系，其内涵就包含"信任"与"合作关系的演进"。而关系重视的则是互惠、相互节制及信任等概念[28]。美国杨百翰大学麦里特学院（Marriott）教授杰弗里·戴尔和日本神户大学经济经营研究所教授延冈健太郎认为：组织间的高度信任，可以使合作双方进行知识的交换与机密信息的分享；组织间的沟通协调，可以顺利地发展合作双方的关系，并使它们取得相互需要的资源[29]。

2.1.5 组织学习理论

组织学习理论强调通过组织间学习和组织间知识的转移来实现创新。企业界与学术界认为"组织学习"和"知识能力"是企业获得持续竞争优势的关键因素，通过知识的沟通与整合，组织得以学习和创新[30]。"组织学习"和"知识能力"被美国经济学家大卫·蒂斯等人视为一种动态能力，他们认为组织持续学习、调整、适应与提升知识能力是竞争取胜的关键。从目前的研究路径来看，建构组织间关系网络的组织学习是按照"组织学习—吸收潜力—知识获得—创新应用"的思路来进行的。

2.1.6 研究理论综述

总体而言，20世纪80年代中后期至90年代初，资源基础观（Resource Based View）在战略管理领域中占据主流。资源基础观重点在企业内部的竞争优势。正是基于Penrose（1959）等人的研究基础，从企业异质性假设出发，Wemerfeh把资源分为有形资产和无形资产，构建了资源和竞争优势之间的理论框架[31]。之后的一些学者进一步对资源的性质和关键资源的识别进行了更为完善的研究[32-33]。核心能力观点的提出是资源基础理论研究的深化和成熟的标志[34]。知识基础观和社会逻辑观是资源基础观演化发展出的两个分支，而动态能力（Dynamic Capabilities）作为连接传统资源基础观和关系观、知识观的观点[35]根植于演化经济学的基本思路，是对资源基础观在动态环境条件下的进一步拓展。组织学习理论则强调通过组织间学习和组织间知识的转移来建立竞争优势、实现创新。

2.2 组织间合作的研究

有效的管理组织间合作关系是组织在新环境下建立并维持竞争优势而亟待解决的重要课题。下面笔者就组织间关系产生、理论基础、研究视角等方面进行文献综述。

2.2.1 组织间合作关系的产生

在经济学传统的市场和科层两分法下，实际上不存在组织间的关系和跨组织合作等问题，组织间关系即市场关系，价格机制发挥所有的调节作用。然而，市场和科层的两分法难以解释现实中存在的复杂而多样化的企业间关系，即市场与科层之外还存在着其他组织形式。Larsson（1993）将这种介于市场"无形的手"和科层"有形的手"之间，即组织间合作关系，称为"手拉手"。

组织间的关系，是指出现在两个或两个以上组织之间的相对持久的资源交换、流动和联结[36]。可以将组织间关系划分为竞争关系、合作关系、合作竞争关系和共生关系[37]。这一问题也是战略管理、组织网络等普遍关注的问题。

对组织间关系研究的理论基础研究，不同学者有着不同观点。Thibaut 认为，组织间关系为社会交换理论，是指两个或更多个体之间为各自的利益自愿的资源交易，而不含有"互惠"的概念。Macneil 认为，组织间关系的基本理论是社会契约理论，即互惠的交换是通过将时间概念、行为和规范问题与经典的契约理论的法律条文相结合来实现的"关系契约"[38]。

综观不同研究者观点，笔者将组织间关系归纳为以下四种：一是交易费用理论对所谓中间组织形式的研究；二是资源基础框架下对组织间资源交换及其关系的研究；三是社会交易理论对组织间合作和关系的研究；四是社会网络理论对组织嵌入和组织间关系网络的研究。

2.2.2 交易费用理论

1937 年，科斯在经典著作《企业的性质》中提出，市场交易存在着经济系统运行的成本，如签订、协商、监督和执行合同的成本，这些成本称为交易成本。企业和市场本质上是交易成本不同的两种治理结构，当市场的外部交易成本高于企业的内部交易成本时，企业便产生了。之后，Williamson 对科斯的交易成本理论做了进一步完善。他在原有框架的基础上，补充了更适合企业内部完成的交易类型，同时增加了新的交易成本种类，包括关系管理的直接成本和选择次优治理结构的机会成本。刁丽琳指出，作为理论发展的前提和要素，Williamson 的交易成本理论主要建立在人性的两个基本假设（有限理性和机会主义）和交易的三个基本维度（资产专用性、不确定性和交易频率）的基础上 [39]。

交易成本理论有助于我们理解教育合作中契约控制与知识转移之间的关系。组织间的合作关系充满了各种风险和不确定性因素，即关系风险。为此，合作需要采取契约的控制机制来防御机会主义行为，降低关系风险。契约控制的复杂程度取决于关系风险的高低。关系风险越高，契约控制的复杂度越高。反之，契约控制的复杂度越低。根据交易成本理论；一方面过低的契约控制程度难以有效地制约知识窃取和占用等机会主义行为，导致潜在的关系风险上升，为了降低交易的关系风险成本，企业将减少知识资源的投入，因此不利于组织间的知识获取；另一方面过高的契约控制程度增加了契约的订立和监督成本，从而降低了契约控制的有效性，并对合作产生诸多限制，因此同样不利于组织间的知识学习。但交易成本理论并没有详细解释过于严格的契约控制如何影响合作各方的关系质量水平，进而影响合作中的知识转移。在这一方面，社会交换理论体现了重要的理论意义。

2.2.3 资源依赖理论

资源依赖理论萌芽于 20 世纪 40 年代。自 70 年代以来 Pfeffer 和 Salancik 发表了其经典著作《组织的外部控制：资源依赖观点》之后，资源依赖理论逐渐引起理论界的重视，成为组织理论和战略管理领域中的最重要的理论之一。

资源依赖理论认为，有价值、稀缺、独特、难以替代的资源和能力是企业竞争优势的源泉。组织是一个开放的系统，任何组织不可能持有赖以生存和发展所需要的全部资源，实现自我供给下的生存和发展，大量攸关组织生存的稀缺和珍贵的资源都包含于组织的外部环境中。

　　不同的组织群体在生存发展过程中，都试图通过组织内的互动以及组织与环境的互动过程实现自己的利益最大化，因此需要与组织外群体建立合作、联盟等关系，通过交换、整合等方式获得组织的异质性资源。由于不同性质院校在资金、技术、人力资本等资源拥有方面具有很强的互补性或相互依赖性，因此在双方之间开展合作，使合作各利益相关主体间的资源互换被看作是最有效的途径。双方合作能够实现相互之间异质性资源的交换和合作，以实现双方各自发展的需要 [40]。

2.2.4 社会交换理论

　　20 世纪 60 年代，社会交换理论（Social Exchange Theory）兴起，之后在全球范围内广泛传播，它的产生可以追溯到亚当·斯密的交换学说，并由 Homans、Thibaut 和 Kelly 以及 Blau 等社会学家发展起来 [41]。

　　社会交换理论认为，人们（或组织）在与他人（或其他组织）之间的行为互动中，为了获得自己所需的社会和物质资源，愿意付出相应的代价进行交换，以便从交换中获取自身所需的报酬。彼此相互有选择地加强与对方的合作，并可能影响到未来交易的两方之间的活动或行为。交易的价值不仅是经济问题，也具有社会属性，其核心是互惠原则，在组织间合作的大量研究中，合作关系是指建立、发展、维持并改善一种长期的、互惠的合作伙伴间的关系的行为和结果，被视为一个多维度的结构，包括信任与承诺、相互依赖、关系规范等。

2.2.5 社会网络理论

　　社会网络理论的基本观点是企业是存在于特定的社会网络之中的，企业通过对所处网络关系的治理可以获得重要的社会资本。企业正不断地嵌入更为广大以及相互重叠的组织间关系网络中，因此将企业嵌入的组织间关系纳入分析非常重要。企业所处的社会网络具有渗透性、共生性、动态性、系统性等特征。社会网络理论认为，组织间的关系可以分为简单的市场交换关系和嵌入关系。交易可以通过松散的个体之间以非私人化的、经常变换交换关系的方式发生，就像在市场中发生的那样，或通过保持着紧密社会关系的、稳定交换对象的网络发生。Granovetter（1985）将嵌入性（Embeddedness）分为关系性嵌入和结构性嵌入。关系性嵌入是指经济行动者嵌入于其所在的关系网络中并受其影响和决定。罗珉指出，关系重视的则是互惠、相互节制及信任等概念[42]。结构性嵌入则是指行为者们所构成的关系网络是嵌入于由其构成的社会结构之中，并受到来自社会结构的文化、价值观等因素的影响。在现实中，结构性嵌入常常表现为企业与区域内其他组织之间的联系以及受该区域特定的信任水平、习俗与价值观等结构性特征的影响[43]。

2.2.6 组织间合作关系的研究综述

交易成本理论认为，机会主义的倾向主要是通过正式的监督、控制机制或者激励机制进行约束。社会交易理论认为，通过非正式的交易关系，如信任、承诺、沟通或者关系管理也可以管理组织间的关系，同样在一定程度上降低机会主义行为。资源基础观和社会网络理论则更加强调组织间的合作收益而不仅仅是交易费用的节约。资源基础观以"资源"作为分析组织间关系的基本要素，强调资源异质性以及由此导致的合作收益（利得）是决定企业竞争优势和组织间关系的核心问题。社会网络理论则以企业的社会属性为出发点，将企业视为"嵌入"特定社会网络中的组织，着重研究组织间关系网络及其治理问题。

刁丽琳[39]将交易成本理论、资源依赖理论和社会交换理论作为研究的理论基础，通过假设检验的方法，从契约治理的角度探讨了两种类型契约与两种类型知识转移之间的作用关系，研究不同契约机制。闫章荟[44]对于公共服务供给主体间合作机理的研究，从个体价值结构视角出发，引入合作资源、合作成本、合作租金和主观期望概念框架，分析公共服务供给主体间合作的类别、合作的实现以及合作的演进。宋晶、孙永磊[45]应用扎根理论的研究方法，通过三次深度访谈，建立了理论模型和研究假设，研究技术创新网络中组织间信任对合作创新绩效的影响。张丽楠[46]以企业战略网络成员间合作关系为研究对象，在共生视角下，探讨企业战略网络成员间合作关系的稳定性问题。从共生和企业间关系两个角度分析企业战略网络，提出稳定性的影响因素，并运用回归分析法进行实证研究。徐松鹤等[47]从演化博弈论的研究视角探讨了区域地方政府组织行为的演化过程，建立了考虑组织决策固定成本和组织社会资本的地方政府组织行为演化博弈模型，得到地方政府组织合作的行为演化规律和演化稳定策略。何晴[18]从资源基础观和社会网络理论两个视角，在理论分析的基础上，采取问卷调查方法，收集建筑业大样本数据进行统计分析，发现和总结建筑业跨组织激励机制应用的现状和特点，并综合运用多种统计分析方法，考察跨组织激励的影响因素与后果，以及伙伴关系和信任水平对跨组织激励后果的调节作用。陈紫天[48]认为：合作初期为了降低成本和资源共享，应基于交易成本和资源依赖观；随着合作发展，视角应转向战略选择、利益相关或组织学习理论；伴随着合作稳定，就更需要制度理论和组织生态学理论的解释。构建组织间合作关系动态分析框架，基于组织间关系理论的解析学与中小学合作促进教师专业发展的生成机制。可以看出，大部分学者在合作关系的理论模型的基础上，提出假设，并运用回归分析验证假设。

2.3 高等教育组织研究进展及述评

2.3.1 高等教育组织

高等教育组织间合作的研究属于组织间合作的研究范畴，因此，有必要对高等教育组织和组织间合作进行概述，以清晰定位高等教育组织间合作的形成在组织间合作研究框架下的位置，从而有据可循地进行深入研究。研究组织间合作的形成是为了更好地选择合作伙伴、构建组织间的合作、提升高等教育组织的绩效，从而实现高等教育组织的治理目标。

1. 高等教育组织的基本概念

高等教育组织作为一种社会组织，它既具有一般组织的共性特征，也有其特殊性。从高等教育系统来看，可以分为宏观、中观、微观三个层次。宏观层次是高等教育体系，多指中央政府及其部门、省、市级教育行政主管部门；中观层次是高等学校等从事高等教育的机构，包括大学、学院等；微观层次是学科专业。本书主要从中观层面研究高等教育组织间合作，同时兼顾宏观和微观层面对中观的影响。

2. 基于组织理论的高等教育组织的研究进展

20 世纪 70 年代，组织理论开始渗透到高等教育领域，组织分析逐渐成为高等教育研究的一个重要而独特的分析方法[49]。目前，关于高等教育组织的研究主要基于三个路径：一是以美国比较教育和社会学研究专家伯顿·克拉克、雷蒙德·E.卡拉汉为代表，从古典组织理论出发对教育组织的研究。二是基于人本主义的教育组织研究，代表性的研究者包括迈克尔·伯特瑞、肯尼思·斯特赖克、萨乔万尼等。三是基于社会系统组织理论的教育组织，认为：学校是一个区别于一般初级群体的社会组织，具有社会系统的特征；它并非纯粹的科层组织，而是科层组织与结构松散型的结合。也有学者将上述三个研究路径形象地比喻为"学校是工厂""学校是家庭""学校是松散的结合体"，见图 2-1。

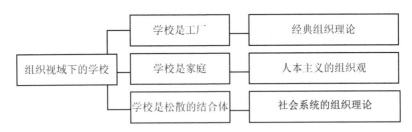

图 2-1　高等教育组织理论研究路径

学校是工厂。古典组织理论是一种理性 - 效率模式，强调理性的管理方法、管理原则、管理制度，以效率为中心，认为效率原则是衡量任何组织的基础。以美国比较教育和社会学研究专家伯顿·克拉克为代表的学者以"知识"为高等教育系统的逻辑起点，以"工作""信念""权力""整合""变革"这五个基本范畴来开展研究。伯顿·克拉克指出，当我们把目光投向高等教育的"生产车间"时，我们所看到的是一群群研究一门门知识的专业学者，这种一门门的知识称作"学科"，而组织正是围绕这些学科建立起来的。知识就是材料，研究和教学是主要的技术，所以，高等教育属于正规的组织，是控制高深知识和方法的社会机构。作为"生产材料"的知识包括如下特征：知识的专门化、自主性程度高，发现知识是一项永无止境的工作，知识是人

类世代累计起来的 [50]。雷蒙德·E.卡拉汉在其《教育与效率的崇拜》[51] 一书中介绍了 20 世纪中期美国在教育管理中所采用的工业化管理的模式：通过设计合理的组织结构、制定完善的规章制度、遵循一定的科学管理的原则，辅之以严格的奖惩制度，学校组织就会像"工厂"一样，在有限的条件下实现最佳的管理目标。吴志宏、冯大鸣等提出，学校管理中体现了对效率的追求，倡导教育标准化，开展教育评估，在学校组织管理中引入了规范有序、高效运转的科层制 [52]。古典组织理论对教育组织研究的影响在于教育管理人员认为教育管理活动是可以控制的。教育管理中将这种"技术理性"发挥得淋漓尽致的同时，忽视了组织中的人。罗伯特·G.欧文斯就指出，教育组织的独特之处在于他的教育使命，即：激励学习、个人成长与发展；促进不间断的成熟过程；鼓励自信、自尊和满足；培养对自己的行为主动负责的精神。组织特别是教育组织，毕竟是人的活动，不能简单化为机械系统，这一点令那些在人文事务中追求简约、精确、系统秩序和不确定性的人们失望 [53]。

学校是家庭。人本主义的组织观提出后，教育组织研究开始重视"人"的因素。20 世纪 80 年代，英美国家开始关注学校组织和教育改革中存在的价值和道德观念，其中的代表人物和著作包括迈克尔·伯特瑞的《教育管理伦理学——学校组织的个人、社会与政治的视角》和肯尼思·斯特赖克的《学校行政伦理》等。他们指出，学校组织不仅是一个工作场所，还是一个生活场所。在正式的工作关系之外，还有非正式的人际、情感、交流关系，而且后者对前者有重要的推动作用。人本主义的教育组织理论，强调教育管理组织中人的因素的重要性和非正式组织的作用，揭示了教育组织中发展持久合作的重要性，强调组织成员在教育管理组织中的成长发展和民主参与管理，但其仍未脱离技术理性的作用，只是将古典组织理论所看重的结构、物质刺激简单地转换成了关心、抚摸，而根本性质没有丝毫改变。卢恩伯格和奥恩斯特就指出：表面看来，学校需要重新建构。给教师对学校如何运行及如何教学以决策权力，并让教师对结果负责，这似乎让人感觉很好。但在实际中，给予教师职权并不是这么简单的事。多数教育者愿意保持稳定，小心谨慎地接受各种变化。当我们谈起重建学校时，我们实际上谈的是改变科层组织当前的工作方式——我们在学校中组织、建构和分配各类资源的方式[54]。

学校是松散的结合体。基于社会系统组织理论的教育组织研究认为学校是一个区别于一般初级群体的社会组织，具有社会系统的特征，拥有自己的组织信念、情感、目的、准则、身份和角色、权力、等级、法规、设施等，是一个由一系列相互关联的子系统集合而成的系统。组织内部存在两种行为动机：一种源于个人；另一种是组织要求团体在某些场合下共同协作去完成组织目标。有人提出学校组织不是纯粹的科层组织，而是科层组织与结构松散型的结合。美国学者柯恩、马奇将其概括为"有组织的无政府状态"，韦克则把该组织称为"松散结合的系统"。

2.3.2 高等教育组织研究述评

高等教育组织研究的论文的研究内容主要集中在高等教育组织特征、管理模式、制度体系、组织治理等方面；从 CSSCI 来源期刊上的栏目进行统计分析，将教育组织研究的相关问题进行归类，最后得到了 10 个研究主题：社会与高等教育、高等教育系统政策、高等教育质量与评估、院校管理与院校研究、组织变革与大学制度、大学本质与大学理念、学科专业与课程、教与学、学术职业与教师发展、学生经验与学生发展。在这 10 个研究主题的基础上，我们遵循逻辑的一致性，进一步将它们归为四大研究领域：体制与结构、组织与管理、知识与课程、教学与研究。周光礼、谢清在《中国高等教育研究的前沿与展望：2012 年年度报告》中指出，2012 年中国高等教育研究聚焦在"体制与结构"和"教学与研究"两个研究领域，讨论的热点问题主要有高等教育系统政策、教与学、院校研究，其中宏观层面的"体制与结构"和微观层面的"教学与研究"的研究占主导（占论文总数 65%）。最主要的研究范式是结构主义（占 67.6%），但实证主义范式也受到越来越多的关注（占 24.7%）。经验主义和人本主义范式在中国高等教育研究的占比很低，两者的占比仅为 7.8%。中国高等教育研究偏向定性研究（占 77.7%）。研究方法主要有文献分析（占 37.6%）、概念分析（占 26.7%）、调查与多变量分析（占

21.1%）。研究层次集中在国家层次、学校层次和国际层次。作者主要来自高校的专职研究人员和行政管理人员，有博士点的重点大学是高等教育研究的主力军[55]。

目前，高等教育组织理论方面的研究，主要是依据已经形成的组织研究的理论成果和核心观点开展相应的研究，研究进程同组织理论研究的发展脉络相似，但存在一定的滞后性，见图 2-2。

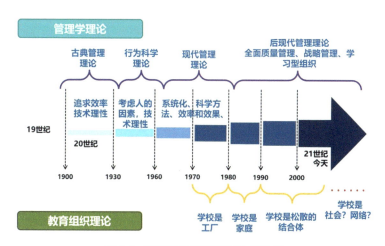

图 2-2　教育组织理论研究发展脉络

基于教育组织理论和社会系统组织理论的研究对教育组织自身的特点也进行了一定的分析和阐释，但没有揭示组织演化与教育组织演化的逻辑去分析组织与教育组织之间的内在联系与区别。虽然提出教育组织区别于一般初级群体的社会组织的观点，但对于教育组织内部的特征、外部环境对教育组织的影响还缺乏更深入的研究。

以伯顿·克拉克为代表的教育组织理论研究者关注了高等教育组织中存在教育分化的问题，并认为产生教育分化的原因之一是社会分工[56]。具体而言，教育分化的进程是人类从自身生存出发，促进了社会化的分工，社会化分工导致工作的专业化，也需要工作人员专业化，这就要求培养专门化的人才，也引起了专业化趋势。由此，社会分工既促进了组织的产生，也促进了教育的分化。

但是，仅仅从分工的视角论述高等教育组织的产生和演化，而忽视了资源供给对组织产生与发展的影响，也忽略了组织产生和发展的内在动力是为了获取更多的生存空间。可见，要进一步对高等教育组织的本质属性和组织特征进行深入研究，才能从组织的本质去寻求高等教育组织的生存和发展逻辑，进而研究组织间合作的根本原因。

2.4 高等教育组织间合作研究进展及述评

通过查阅有关教育合作方面的文献，我们注意到，在运用组织观点进行教育组织的研究时，多数研究以目前已经形成的具体的教育合作为研究对象，研究范围包括产学研合作、科研合作、中外合作办学、合作联盟等，研究内容以合作机制、运行机制为主。本研究主要是高等教育合作的宏观的、本质的研究，目前此方面的研究偏少。综合管理学和教育学的文献研究，提出了包括合作的主导者、参与者、合作收益及其相互关系的高等教育组织间合作形成机理的分析框架，内容包括合作动因、形成合作的影响因素、伙伴选择机制，并据此进行综述。

2.4.1 合作动因

在对教育合作的研究中，多数学者认为教育合作对于促进教育组织间的合作与竞争有推动作用。程勉中指出，大学战略联盟的建立有利于高校创新与知识学习；有助于防止巨型大学病，提高办学的规模经济效益；有利于高校整合优势特色，提高竞争力[57]。张新培、赵文华在对大学战略联盟的研究中提出的世界一流大学战略联盟具有严格的组织管理机构、规范的制度设计和实质性可持续的合作内容[58]。田联进从高等教育组织理论的观点出发，指出在高等教育这个内部组织系统的总体矩阵中，资源、知识、教职人员和文化都在内部共同作用于高等教育系统。当这些因素都与高等教育目标一致时，就会给高等教育系统带来巨大的动力；反之，当这些因素相互冲突时，就会妨碍高等教育的发展[59]。申超在分析欧洲高等教育一体化时，也从组织演化的视角，将欧洲高等教育一体化的演变史划分为孕育和萌芽、日渐展开、较快发展、稳步推进与逐步深入四个时期，并分析了各时期的特征表现[60]。罗珉指出，组织间资源的异质性以及产生过程中的路径依赖，即通过特定的网络进行组合，非常难以模仿与替代，从而具有战略性资源的特征[42]。邓学军、夏洪胜指出，组织之间构建网络的原因是它们之间存在资源上的相互锁定（interlock）[61]。

　　多数学者认为教育合作对于促进教育组织间的合作与竞争具有推动作用，也从高等教育内部的视角对组织演化动力开展合作研究。但是，从资源论来看，对高等教育组织的资源状况，特别是组织资源之间的差异分析尚不透彻；从合作预期来看，大多数研究者主要从科研收益测度，在组织、教育者和受教育者的预期收益的测度和多重收益之间的比较，特别是对合作中的不同主体，包括管理者、教师、学生的实际需求还需进一步研究。因此，对高等教育组织合作的动因尚未完全清楚，对导致"实际收获与合作预期存在差异"这一问题的根本原因还需进一步探究。

2.4.2 合作形成的影响因素和路径

　　组织的合作会受到多种因素的影响。一般而言，包括社会环境、经济环境、制度环境等外部因素和组织战略、组织文化、组织结构、技术水平以及领导风格等内部因素[62]。很多学者建立了量表并进行了实证研究。Listes 在实证研究中把组织合作关系的影响因素划分为制度因素、战略因素和组织因素三类。其中，制度因素包括企业的所有制形式和所属的经济区域，战略因素是指企业的战略是否以市场为导向，组织因素包括企业的规模、资源包括技术能力和管理能力和历史长短三个因素。调查结果发现，三种因素都对企业间关系的运用有影响[63]。高陆认为信誉是影响企业间合作能力的重要因素[64]。张岳松认为企业文化核心价值观、组织结构和高层管理者的支持等是良好关系建立的基础，并将其视为组织合作关系的促进要素[65]。李随成研究了知识共享、组织学习与企业间研发合作绩效之间的关系，引入情境因素作为控制变量，探讨在情境因素的作用下，知识共享、组织学习和研发合作绩效之间的关系是否存在显著性差异。并指出，组织结构、信息技术、企业文化、信任均对知识共享、组织学习和研发合作绩效之间的关系有显著影响[66]。付丽茹对组织合作关系的隐性因素进行了研究，将隐性因素分为活力型组织文化、组织声誉及柔性组织结构三个类别，并证实了灵活性企业文化、柔性组织结构以及企业声誉对组织合作关系质量有着显著的积极影响[67]。在对具体的合作案例的研究中，对高等教育组织间合作形成的影响因素有所涉及。范惠明在高校教师参与产学合作的机理研究中，从学校、院系和个人层面识别了教师参与产学合作的影响因素[68]。张宝生、张庆普研究了隐性知识流转网成员合作意愿的影响因素，并指出，合作收益（内驱性因素）、合作成本（调节性因素）、合作风险（情境性因素）和合作环境（支撑性因素）四个主范畴对成员合作意愿存在显著影响[69]。钟玮对地方大学校地合作影响因素进行了研究，指出，外部因素、内部因素、机制因素和项目因素是影响地方大学校地合作的主要因素[70]。这些研究把质性研究和回归分析相结合，其研究方法和研究结论对本书的研究有重要的参考价值。

上述研究表明，研究者对影响合作的内部因素和外部因素进行了影响，建立了量表并进行了实证研究。但没有学者对高等教育组织间合作形成的影响因素作研究，对具体的合作案例多采用质性研究和回归分析的方法。从合作形成的这一始点，从组织的现状和合作的预期的视角，分析影响合作形成的因素，并由此遴选合作形成的路径。

2.4.3 伙伴选择

没有任何组织能知道某一问题的所有可能的解决方案，知道所有选择方案可能产生的结果，以及预见其他组织的意图和行动对其自身行为的影响；组织之间由于劳动分工和专业化的互为因果关系加重了这些不确定性[71]。资源依赖理论认为组织资源独特性构成组织的利益链，组织在寻求合作伙伴的时候也基本是在这些利益群体中产生，而不会与一个对自己没有任何益处的组织合作。影响组织合作对象选择的主要因素有资源的唯一性、专业性、合作意愿、合作能力和合作的便利性。李彦荣指出，合作对象选择应考虑资源的唯一性、专业的独特性、利益相关性、关系可信性和创新增值性的影响[72]。张秀萍[73]的研究发现，组织的文化、信誉、信用状况是选取合作伙伴的重要依据。李随成[74]指出，促使合作伙伴关系成功的变量主要包括信任、社会性契约、替代性伙伴的比较程度、共同目标、权力依赖、技术、适应性结构性契约、合作以及承诺等。方青指出影响组织合作伙伴关系的因素包括合作利润分配、风险共担、信任和沟通等[75]。

由上可知，研究者主要从建立组织间的合作关系出发，从社会网络理论和收益分配的视角进行了研究，未能基于合作演化的全过程进行研究和分析；基于伙伴关系提出了伙伴选择测量，忽略了对合作伙伴实际状况的客观分析。

2.4.4 高等教育组织间合作研究述评

总体来讲，从研究内容上看，多从教育组织内部的运行模式、机制等进行研究，少数涉及教育研究机理的也是对具体合作案例机理的研究，没有揭示教育合作形成的本体的、内在的原因；从研究视角看，研究更多地集中于教育组织内部的演化研究和具体的教育合作的演进历史研究，即使已经运用社会系统观念来分析教育组织的问题，也主要是通过系统观念来研究教育组织的内在规律，未能从能力、资源、环境等更广泛的视域去寻找教育组织演化的根本原因及动力，从促进组织间的竞争与合作方面开展相关的研究。比如，周光礼、吴越指出，其思考角度尚停留在技术理性层面，认为教育联盟走向成熟的标志是由利益共同体走向价值共同体，当务之急是硬化某些规则和程序；创造行动仪式、符号和意识形态；强化价值认同，形成统一目标；把组织嵌入社会背景中，实现制度的扩散[76]。

2.5 本章小结

通过上述文献梳理可以发现，国内外学者在组织演化、网络组织研究、组织演化的研究中，除了关注组织内部的演化动力外，也注意到资源、能力、环境等对组织演化的影响；对网络组织的研究中，在网络组织的概念界定、关系治理等方面取得了很大的成果；在组织间关系的研究中，形成了组织间关系的研究视角和研究方法；在高等教育组织的研究中也注意到了教育组织应具有一般性特征和特殊性，并对教育和教育组织的产生进行了一些研究与探讨。但是结合对高等教育组织及高等教育组织间合作的研究上，还有可以进一步拓展之处，未来的研究应体现在以下几点。

（1）教育的分化与组织的产生、发展有着千丝万缕的联系，对教育组织这一所具有公益性属性和鲜明的社会政治经济文化特征的组织的研究也会促进组织理论的研究。逻辑起点是构建理论体系的出发点。潘懋元先生在谈到教育学的逻辑起点时曾指出："学科的科学理论体系，一般认为首先应当确定它的逻辑起点，从逻辑起点出发，借助逻辑手段，按照学科的内在规律，层层推导，逐步展开……构成严谨的逻辑系统。"类似地，对于高等教育组织和高等教育组织间合作的研究来说，高等教育组织的本质属性，就是本研究的逻辑起点。目前教育组织理论方面的研究，主要是依据已经形成的组织研究的理论成果和核心观点开展相应的研究，其研究进程同组织理论研究的发展进程相似，但存在一定的滞后性。教育组织作为有别于一般的特殊组织，关于"区别于其他组织的本质属性是什么"的研究还有待挖掘。目前教育合作的研究更多地集中在对微观的、具体的教育合作案例的运行模式、机制等的研究，没有揭示教育合作本体的、内在的原因。研究视角集中于教育组织内部的演化研究和具体的教育合作的演进历史研究，未能从能力、资源、环境等更广泛的视域去寻找教育组织合作的根本原因。因此，基于组织理论，对高等教育的本质属性、组织特征进行深入而系统的分析，探讨其产生和发展的内在动力，是研究教育组织合作形成机理的逻辑基础。

（2）对于教育合作的形成机理研究，要依托组织间合作的已有研究成果和方法开展。资源依赖理论在阐释了企业竞争优势的来源时已经注意到依赖于政府的公司更可能采取政治行动，而且与政府成功建立了联系的组织获得的经济回报会更大。可以从这个角度去研究教育组织的社会属性、公益属性对教育组织获得资源、获取生存的能力、保持竞争优势的作用。动态能力理论，将资源扩展到企业外部资源即网络组织资源，通过合作竞争，快速响应机会和企业内外资源的重构，形成一系列暂时的、不相容的新优势，才能保证企业持续的竞争优势。可以从教育组织的特性去分析教育组织的外部资源特征，研究教育组织跨越组织边界获取和创造资源的动力特性。组织间合作关系的理论研究成果和研究方法对于评价教育合作的竞争优势和实际收益，进而对参与伙伴的选择提供可能的特征选择方式都有借鉴的作用。

（3）从研究方法上，目前组织间合作的研究主要采用定性和定量相结合的方法进行。在影响因素的研究中，可以综合运用扎根理论、解释结构模型等定性的研究方法和调查问卷、结构方程等定量分析方法，对合作形成的影响因素及其作用机理进行挖掘；在伙伴选择机制的研究中，博弈论、演化博弈模型等的应用较为普遍，也有通过组织生态理论、地理经济理论等开展研究，这些方法也可以借鉴。

总之，在实际研究中，要从高等教育组织的本质属性出发，结合高等教育组织的特征，从资源供给和合作需求两个视角探讨合作的动因。选择合适的研究方法，对合作形成的影响因素、形成路径和伙伴选择进行研究和论证。

第 3 章　高等教育组织间合作的动因

本章从高等教育组织的本质属性和特征出发，从合作需求和资源供给两个视角研究高等教育组织间合作的动因，为研究合作形成的影响因素、路径和伙伴选择奠定了基础。

3.1 高等教育组织的属性和合作的内涵

3.1.1 教育组织的产生

教育的产生、发展与社会的发展息息相关。人类的生存需求，可以分为三个层面：物质层面、精神层面和生物层面。初始的教育与社会生产和生活有着必然的密切的联系。人类社会特有的教育活动，起源于人类适应社会生活需要和人类自身身心发展的需要，是人类社会存在和发展的必要条件[77]。从社会分工理论来看，人们能够在各自分工下，从事更专业化的工作，从而形成培养的专门化模式与教育的专业化趋势。从交易费用理论看，当人类获取和创造的知识开始丰富、各种技术和工具不断进步、社会生产出现剩余，以及人类之间交往范围扩大、频率增多，使人类知识的传授和传承逐渐从生育、养育发展为组织内部的教育，进而产生了教育组织。

3.1.2 高等教育组织的属性

组织是具有独特性的，不同类型的组织其各自的组织特征存在差异。那么，高等组织是一个怎样的组织呢？它具有怎样的本质属性呢？

高等教育组织具有组织的一般组织特性，其基本需求是高等教育组织的生存，组织内部存在共同的目标，分工协作，有不同层次的权力和责任制度等。同时，由于教育本身对社会、政治、经济等因素的依赖，教育组织在感知和适应环境、动员社会资源、促进经济发展以及构建公民社会与维护社会公正等诸多方面有别于传统意义上的科层制与市场或企业组织。可见，高等教育组织不仅具有一般组织共性，而且还具有自身的特殊性，属于复杂度较高的社会组织[78]。

我们注意到，关于高等教育组织，法国著名教育社会学家埃米尔·涂尔干在其《社会分工论》中曾指出："很少能找到一种机构，既是那么统一，又是那么多样；无论它用什么伪装都可以认出；但是，没有一个地方，它和其他机构完全相同。这种统一性和多样性构成大学是中世纪生活的自发产物的最后证明。因为只有活的东西才能这样尽管充分保持它们的个性，同时使它们自己服从和适应形势和环境的全部变化。"[79] 美国比较教育学家伯顿·克拉克在他的《高等教育系统》一书的开篇就引用了这句话。克拉克指出，高等教育系统的复杂程度更加独特，更莫可名状，比政治系统有过之而无不及[50]。刘海燕认为，克拉克之所以引用这段话，是因为它揭示了高等教育组织最基本的特性——多样性和统一性，并指出高等教育组织正是这样一个矛盾体的统一[79]。季诚钧也指出，大学组织一方面高度统一，另一方面又变化多端，这看似矛盾的悖论却正好反映了大学的复杂本性[80]。综上，多样性和统一性既是高等教育组织的本质属性，也是研究高等教育组织的逻辑起点。

首先，高等教育组织具有多样性。高等教育组织源自学者自发，并倡导学术自由，呈现了多样性的特质。高等教育组织以知识为链条，知识本身就是多种多样的。高等教育一直倡导学术自由的思想，高等教育组织也呈现了百花齐放、百家争鸣的形态。因此，无论是宏观的组织文化、使命愿景，还是中观的体制机制、组织职能、办学模式、学科体系、课程体系，还有微观的成员结构、教学内容、教学方法、科学研究，等等，都具有多样性。

其次，高等教育组织具有统一性。高等教育通过知识的传授、传承和物化，实现对人的教育，推动社会向前发展。高等教育组织随历史进程而不变地追求、传播真理和创造、传播知识。人人都能获取、研究和传播知识，从不因宗教、国别、性别等有所差别。就如梁启超先生 1922 年在《为学与做人》的演讲中所谈：进学校为的是学做人，学校教育应分为知育、情育、意育三方面，知育要教到人不惑，情育要教到人不忧，意育到教到人不惧。教育家教育学生，应该以这三件为究竟。我们自动地自己教育自己，也应该以这三件为究竟。

最后，高等教育组织是多样性和统一性的矛盾统一体。高等教育组织从建立之初，就充满矛盾，如：组织理想还是社会现实需求的矛盾、精英教育还是大众教育的矛盾、以自由教育为目的还是专业教育为目的的矛盾、人才培养和科学研究的矛盾、行政权力和学术权力分配的矛盾等。这些矛盾阐发于高等教育组织的多样性，也统一于大学育人之根本。大学就是这样一个多样性和统一性相结合的矛盾统一体。这是理解高等教育组织目标和组织特征的出发点，也是研究高等教育组织间合作形成机理的逻辑起点。

3.1.3 高等教育组织的目标

教育的目的是通过对受教育者的影响、传授、教育，使其身心获得发展，成为社会生活所需要的社会成员，进而促进人类社会的发展。高等教育组织的目标与教育的目的一致，也体现了组织的本质属性：多样性和统一性的矛盾统一体。

第一，高等教育组织的目标是多样的。对外界环境来说，教育组织培养社会所需要的各种专门人才，促进国家的政治经济文化建设，促进社会的发展；从教育组织自身来说，是促进组织的进步；从教育组织内的个体来说，是促进教育者和受教育者的知识和理智发展，达到个性的完善。不同的教育组织的目标、教育者、受教育者的发展目标呈现出了多样化。

第二，高等教育组织的目标是统一的。教育作为人与社会之间的中介，主要任务是满足社会需要和促进人的发展。一方面，教育为促进社会的发展，必须满足人的自身发展需要；另一方面，教育要促进人的发展，也必须满足社会发展的需要。两者相互统一，也无主辅之分。

第三，高等教育组织的目标体现了个人发展、组织发展和社会发展的多样性和统一性。千百年来，大学始终不变地以知识的获取、研究和传承来培养具有高尚品格、独立人格和自由理想的人。各国都建有自己的高等院校，且每一所大学均形成了体现各自办学特色的目标倾向，高等教育组织也呈现出来多彩的格局。

3.1.4 高等教育组织的特征

很多学者都在研究高等教育组织的特征。姚启和认为，高等学校组织具有以下四个方面的特征：（1）高等学校组织管理的多目标性；（2）高等学校是松散连接的组织系统；（3）高等学校是若干专业化知识集团的密集体；（4）高等学校具有学科和事业单位双重权力的矩阵结构[81]。睦依凡认为大学组织的特性可以归纳为复杂性、多样性、统一性、开放性和矛盾性[82]。斯坦福大学的维克多·鲍得里奇从大学组织的管理不同于工业组织、政府机构和商业公司的角度，提出大学组织有六个方面的特征：（1）在学术组织中目标的模糊性；（2）学术组织是为顾客服务的机构；（3）错综复杂的技术；（4）高度的专业性支配着学术工作；（5）学院和大学专业人员队伍趋向于"四分五裂"；（6）学院和大学正在变成更加易受环境影响的组织[83]。华东师范大学季诚钧从大学的功能出发，将高等教育组织的属性分为学术性、行政性、产业性[80]。这些属性和特征的总结，从不同层面反映了学者对高等教育组织属性的归纳。本节将从高等教育组织的多样性和统一性出发，综合高等教育的组织功能、结构、产出，分析高等教育组织的特征。

（1）教育功能。功能是指构成社会系统的要素对系统的维持和发展所产生的影响或作用，或系统内部要素间的相互影响与作用。教育功能是教育能满足社会主体现实和未来需求的一种表现形式，反映了教育系统内部各要素之间及教育系统与外部之间相互联系和作用的能力。高等教育组织的目标通过知识这一链条去实现，其组织功能主要表现在三个方面：知识传播、知识获取和知识物化。知识传播即培养人才。这是高等教育的根本使命和核心功能。尽管培养人才的途径和形式已变得多样化，如科学研究、生产劳动、社会实践等手段对培养人才都具有特殊作用，但是最主要、最基本，也是最有效率的途径仍然是教学。知识获取即发展科学技术。19 世纪初期德国洪堡所创办的柏林大学，在历史上首次贯彻"教学与研究在国家保证的教学自由的前提下相结合"以及"学术自由"的原则，要求教师不仅要向学生传授现成的知识，而且要传授教师本人的创造性思想、新的研究成果和研究心得，主张通过研究促进教学，要求教师和学生都必须进行科学研究。知识物化即使科技创新成果变成不同表现形式的新产品，直接为社会经济发展服务，可延展为社会服务、文化传承与创新，以及国际交往等。

（2）组织结构。最初的大学只是作为一种非正式社团组织，不具备较固定的规章和制度。在随后的活动过程中通过不断的斗争、探索和发展，才逐渐形成具有相对稳定的结构、固定的规章和享有独特权力的正式组织。中世纪大学的组织形式有两种：一种是意大利波洛尼亚形成的"学生的大学"，由学生主管校务，每个学生都有投票权，凡是选举校长、教授选聘、确定学费数额、课程时数等均由学生决定；另一种是先生的大学，教师管理学校并组成"教授会"（faculties），挑选学生、制定教学大纲、考核、授予学位等均由教授会决定。"学生的大学"是在特殊的条件下形成的，以后逐渐走向消亡，而"先生的大学"作为普遍形式发展起来，并成为大学组织管理的雏形。

通常人们将高等教育组织称为"有组织的无政府状态"，尽管它与其他复杂的科层组织有许多共性，但它并不是完全的科层组织。高等教育组织内部的事务性部门接近于其他主要组织类型的责任制金字塔。而在学术性部门，工作等级是极为平坦的，联合方式也相当松散，各部分松散结合的平坦结构，长期以来一直是主导模式。

（3）组织产出。西方经济学家把社会产品划分为公共产品、私人产品和准公共产品。萨缪尔森曾给公共产品概念做过经典性的表述，认为判定公共产品的依据应该是产品或服务在消费上是否具有竞争性和排他性，在效用上是否具有外部性。关于教育产品的性质，我国学术界存在着分歧。王善迈从教育属于非营利的公共部门出发，认为教育提供的是公共产品或准公共产品而不是私人产品，义务教育在法律规范（强制和免费）条件下属于公共产品，非义务教育属于准公共产品[84]。袁连生从教育服务的间接消费出发，认为教育服务属于准公共产品[85]。劳凯声认为，教育是非营利性的事业，学校是非营利性组织，它所提供的产品或服务是一种典型的公共物品[86]。从教育的非垄断性质、公共物品与市场的关系以及物品的竞争性和可分性程度来看，教育这种公共物品还可以进一步转化为私人物品或准私人物品。因此，就高校而言，第一，在消费上具有排他性。一个人受教育就排除另一个人受教育的机会。第二，具有外部或社会效益。一个人受教育，其他人和全社会都可受益。由此，认为教育产品为准公共物品，具有有限竞争性和有限排他性。

（4）组织特征。综上，高等教育组织具有主体多元、目标多重、主观能动、系统开放、环境依赖的特征。第一，主体多元。教育组织的主体既包括教育组织自身，也包括组织内的教育者、受教育者、管理者和服务者。其中，教育者和受教育者是教育组织的内部主体，是教育组织生存和发展的基础。第二，目标多重。教育组织的主体多元，各自生存和发展的需求也不同，构成了组织的多重目标。第三，主观能动。教育组织是传承、研究、传播知识，各主体自身也都具有获取和创造新知识的能力，在适应环境、调整自身结构行为关系等方面具有能动性。第四，系统开放。教育组织是一个开放的系统，会主动适应外部环境的变化，并从同质或异质型组织中获取新知识和能力。第五，环境依赖。教育组织在其演化进程中，对外部环境、资源的感知、适应、遗传、选择、变异等有很强的能力，即受到社会的政治经济文化技术的影响。

高等教育组织的特征体现了多样性和统一性的矛盾统一，其特征不仅对教育组织的存在、行为产生了影响，还会影响组织结构及其稳定性。主体多样、目标多重，使得组织对资源的需求较之其他组织会更多样，组织对资源的依赖会更强，资源供给的矛盾也会更为突出。组织的主观能动性和系统开放性，使组织能够通过结构重组，向外界寻求互补性资源，从而获得新的发展动能。组织的环境依赖性，表现为组织要受到环境的约束、遵从环境的要求。

3.1.5 高等教育组织间合作的内涵

分工与合作是管理的组织职能的两大主题。组织为了提高管理的专业化程度和工作效率，把组织的任务、目标分成各个层次、各个部门以及个人的任务和目标，明确各个层次，如各个部门乃至各个人应该做的工作以及完成工作的手段、方式和方法。在科学技术日新月异、竞争愈演愈烈与环境日益复杂多变的背景下，任何组织都难以凭借自身的资源和能力组合来维持其可持续竞争力，由此产生了组织间的合作和竞争。

教育合作是人类教育实践活动中相互作用的一种基本形式，是教育组织为实现共同的教育目的或各自的教育利益而进行的相互协调的活动，也是为共享教育利益或各得其利而在行动时相互配合的互动过程。高等学校教育组织间合作，是由两个或两个以上的高等学校，在平等、独立并保持各方教育体系完整的原则上相互协调配合、共同采取的教育行动[87]。高等教育组织具有的多样性与统一性的本质属性，以及主体多元、目标多重、主观能动、系统开放、环境依赖的特征，使教育组织间展现了以合作为主的伙伴关系。

第一，高等教育组织间合作是具体而多样的。在高等教育的长期发展和演化的进程中，高等教育组织间开展了多种多样的合作，这些合作既包括国家间的教育合作，也包括教育组织间的合作。从合作目标看，既包括教育组织自身的生存和发展，也包括教育组织内的教育者、受教育者的发展，还包括政府基于社会经济政治发展而对教育组织提出的要求。从合作的模式看，教育组织既可以以整体的形式参与教育组织间的合作，也可以以组织内的一个或多个要素参与组织间的合作。从合作内容上看，教育组织间合作的内容是广泛的，知识的传播、创新和物化，高校的人才培养、科学研究、社会服务等方面均可以开展合作。从资源的配置方式上看，可以是同质性资源的共享，也可以是异质性资源的交换。

第二，高等教育组织间合作是复杂的。高等教育合作是组织间的合作，会受到教育组织特征及外部环境因素的共同影响，使得教育合作的形成具有了复杂性特征。新型的伙伴关系、网络组织、战略网络、社会网络等新型的组织间关系得以在高等教育组织之间生成和发展。组织间资源分布的不均衡性和资源供给的差异，使组织间存在互补性资源共享的可能性；组织产出的有限竞争性和有限排他性，使得组织间虽然存在竞争，但始终以合作为主体。

第三，高等教育组织间合作是统一的。尽管高等教育组织间在合作对象、合作内容、合作中的资源配置方面表现出了不同的合作形式和方式，但是，高等教育组织间的合作始终在围绕高等教育组织的根本目标进行。无论是社会、教育组织，还是教育者和受教育者，无论组织还是个体，其合作的根本目标始终围绕育人而展开，即通过知识的传授、传承和物化，实现对人的教育。就如孔子所言，教人做到"知者不惑，仁者不忧，勇者不惧"。

3.1.6 高等教育组织间合作的条件

合作和竞争研究由来已久。合作就是通过利他而达到利己的目的，将自利整合为共同实现的目标，竞争使自利成为一场争输赢的斗争。Deutsch 的合作和竞争理论将利益主体的目标依存关系分为合作、竞争和独立三种，各合作方对目标关系的认识影响他们相互作用的结果，因而直接影响他们的行动策略[88]。高等教育具有准公共物品的性质，组织间是有限竞争性与有限排他性的融合。组织资源也具有可互补、可共享的特性。因此，高等教育组织之间，主要表现为以合作为主的组织间关系，通过获取互补性资源，开展合作。由于高等教育组织具有主体多元、目标多重、环境依赖的特征，我们从高等教育组织内的资源和能力、组织间的关系和外部环境来分析高等教育组织间合作的条件。

第一，资源维度。首先，教育资源是稀缺而不均衡的。组成教育组织的资源很多、构成复杂。教育组织的资源主要来自社会对教育资源的投入，既包括教育组织外部的政治经济技术条件，也包括组织内部的资源获取、配置、拓展的能力差异。为了组织的生存和发展，高等教育组织主观上希望从外界环境和其他组织获取资源。其次，教育资源是可以共享的，无论是场地、图书、仪器、设备等物力资源，还是教师、学生等人力资源，都可以进行共享、交流和共同使用。最后，知识是非独占的。教育组织功能链条是知识，它不因民族、种族、国别、宗教等有所选择，任何人都有通过教育获取知识的权利。组织资源独具的需求多样性、可共享性和知识非独占性，使高等教育组织间能够通过合作而促进资源的更有效的利用。这是高等教育组织间合作的直接原因。

第二，能力维度。高等教育组织是一个具有与周围环境共生能力的组织，具有很强的自我更新、自我发展的能力。高等教育组织的结构松散，自主性、自发性的特征比较明显，组织具有发展的内生动力。高等教育组织具有持续学习、调整、适应与提升知识的能力，自我更新能力、调节能力和创新能力突出，组织可以通过组织的不断学习、调整，从外界环境和其他组织获取发展的空间。这是高等教育组织间合作形成的深层原因。

第三，关系维度。高等教育组织具有系统开放性，组织间存在有限竞争性和有限排他性的关系。从社会逻辑观来看，一方面，组织间会在学生生源、教师来源、政府拨款等方面存在竞争关系；另一方面，组织间在长期发展的过程中，具有外部或社会效益，一个人受教育，其他人和全社会都可受益。教育组织间知识转移、吸收潜力以及组织间关系成员的互动关系，使组织间相互信任，有助于知识的交换和互补性资源的共享，从而有利于拓展相关教育资源的利用范围，促进新知识的获取与创新。这是高等教育组织间合作的中坚因素。

第四，环境维度。高等教育组织具有环境依赖性，其所处的政治、经济、社会、技术等会对教育组织产生影响。教育是培养人的过程，教育组织以知识为链条，也会对社会、政治、经济等产生反作用。在政策层面，政府通过政策导向和市场导向两种方式决定或影响高校获取资源的数量、结构、方式和如何配置，影响资源在教育组织间的流动，并为组织间的资源合理流动提供保障，还可以通过组织开展培训交流等，提升高校组织间的能力。在经济层面，社会经济政策、状况会直接影响到政府和其他社会团体、个人对高校资源的投入，也会对教育目标的实现产生影响。从社会需求层面看，社会和社会中的个体希望感受社会公平，并尽可能获得高质量的高等教育，因此对高校的办学能力、办学质量、社会贡献等都有期待和要求。社会对高校办学实力和办学能力的认知，也会影响社会其他组织或个体的教育选择。从技术层面看，交通、信息、通信、网络等的快速发展，加速了全球化的进程，也拉近了人与人、组织与组织之间的时空距离，高校教育组织间的合作，特别是在合作对象、合作范围、合作内容、合作方式等方面提供了更多的保证。

综上，教育组织从获取互补性资源和提升组织能力两方面考虑，希望开展组织间的合作。外部系统在社会需求、经济效益方面希望组织间加强合作，也可以通过政策性要求促成高校教育组织间的合作。知识的非独占性、高等教育组织产出的有限竞争性和有限排他性，决定了组织资源能够共享。高等教育组织自身具有的学习吸收能力和自我调整能力，可以促进合作的构建。组织间的合作基础和信任关系，以及来自系统外部的政策保障和技术支持，为合作的形成、持续和稳定提供了支持。

3.2 基于合作主体需求的合作动因

3.2.1 合作主体与合作需求

做任何事，都不能是盲目的，事先必须对可能产生的结果作比较客观的设定与预测 [89]。各种类型的高等教育合作都要满足各合作主体的合作需求。

合作主体。高等教育组织间合作几乎可以涉及高等教育的各个方面，比如师资建设、人才培养、科学研究、社会服务等。从前述关于高等教育组织特征的总结可知，高等教育组织具有多元主体。从组织的视域来看，高等教育组织的主体包括教育组织自身，以及组织内的教育者、受教育者、管理者和服务者。其中，教育者和受教育者是教育组织的内部主体，是教育组织生存和发展的基础。管理者进行规划和实施教育组织决策。从外部环境的视角来看，高等教育组织是开放的，政府、企业、科研院所及社会个体均可以参与高等教育合作。高等教育组织间的合作，既可以是教育组织整体参与合作，也可以是教育组织中某一部分的合作，比如教育者之间、教育者与受教育者之间、管理者之间、服务者之间等。因此，在实施合作行为时，合作的主体包括了政府等外部组织、教育组织、教育者、受教育者、管理者和服务者。其中，作为组织间合作，其主要主导者是政府和教育组织，主要参与者包括教育者、受教育者和管理者。

合作需求。合作需求是指合作的主导者和参与者希望通过合作获得的收益或收获。合作需求既是开展合作的基本前提，也是实施合作的动力保障。对于合作的需求，有的学者将之定义为合作预期，也有的学者将其定义为合作绩效、合作收益。这三个定义虽然出发点不同，但其考察的内容相同，本书将之统一定义为合作需求。一些学者对高等教育的合作需求开展了研究。史传林指出，组织的合作会受到多种因素的影响，一般而言，包括社会环境、经济环境、制度环境等外部因素和组织战略、组织文化、组织结构、技术水平以及领导风格等内部因素。这些因素对组织合作的绩效的影响程度各不相同 [90]。杨芳芳 [91]、许广 [92]、韩馥冰 [93]、吴君钧和倪玲霖 [94]、李恒 [95] 等研究者在对科研合作、校企合作的研究中提出，合作收益的测量变量包括论文、专利、项目、获奖、成果转化的数量和质量。王鲜萍在区域高等教育合作的研究中，从区域高等教育结构、区域高等教育资源两个方面提出了高等学校区域合作的绩效评价指标体系 [96]。李琰 [97] 在对煤矿安全专家合作网的合作绩效研究中提出从三个方面来衡量合作绩效：第一个方面是合作的产出结果，该结果是否实现安全专家们预期的科研目标；第二个方面是合作成员的态度，即合作成员对合作行为的满意程度；第三个方面是合作的可持续性，即完成某项科研任务之后，团队成员是否具有进一步合作与持续合作的意愿。目前，关于合作需求的测度，主要针对科研合作，其测量变量包括论文、专利、项目、获奖、成果转化的数量和质量，众所周知，教师的科研成果相对容易定量，但教育者和受教育者的需求，特别是自我成长、教学收获等方面的需求，不太好度量，也需要进一步的深入研究。

3.2.2 合作需求的理论研究框架

由前述关于高等教育组织特征的分析可知，高等教育组织主体多元、目标多重。不同的主体发展目标不同，合作需求也千差万别。在高等教育组织的合作中，合作的主导者是学校的主办者和教育组织自身，合作的作用对象以管理者、教育者和受教育者为主，管理者在合作中扮演了合作的推动者和合作稳定性和持续性的保障者的角色，教育者承担人才培养、科学研究的具体任务，受教育者是合作特别是人才培养合作的直接受益者。因此，在合作的需求研究中，要考虑两类群体的不同需求：一是组织的整体需求；二是组织中的个体需求。整体需求表现为通过合作满足社会或组织的需要，包括有形资源的收益和无形资源的收益。其中有形资源的收益表现为人财物方面的收益；无形资源的收益表现为社会声誉、办学历史、学校文化、学校的信息资源、课程资源、管理制度等的收获。组织中的个体需求分别体现为教育者（这里指教师）的需求和受教育者（这里指学生）的需求，管理者的需求表现为组织中的无形资源的收益。

上述关系可以用图 3-1 来表示。

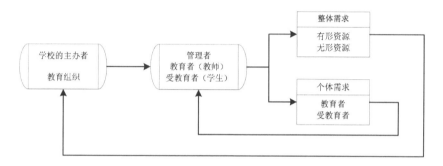

图 3-1　合作需求的理论模型

由此，构建了合作收益的理论模型，合作的主导者（学校的主办者和教育组织自身）建立合作后，通过管理者的行为对教育者和受教育者产生作用，从而产生组织的资源收益和个体的收益。合作构建初期的合作预期与合作实施进程中的合作收获的一致性越高，合作的持续性、稳定性和有效性越能够体现。

3.2.3 不同主体合作需求的测度

为了进一步分析合作的主导者与合作的作用对象对合作预期的认知差异，基于合作预期的理论模型，本研究对不同群体合作的预期的相关性进行了实证分析。合作包括合作的主导者和合作的作用对象。合作主导者对合作的需求可以表现为满足社会需求、满足组织发展需求、满足教育者的发展需求和满足受教者的发展需求。合作的作用对象对合作收获的评价同样可以体现为满足上述需求，见表 3-1。

表 3-1　合作需求的归类

主导者的合作需求	参与者的合作需求	测度	数据来源
学校的主办者和学校		提高社会对教育资源配置的效率	全体
	教育组织	改善学校的办学条件	教育组织
	教育组织	优化师资队伍的学历结构	教育组织
	教育组织	优化师资队伍的职称结构	教育组织
	教育组织	实现高校间的教师流动	教育组织
学校的主办者和学校		学校办学更加符合社会发展需求	全体
	教育组织	提高用人单位满意度	教育组织
	管理者	提高学校的办学声誉	管理者
	管理者	丰富学校的体育文化交流	管理者
	管理者	提高学科建设水平	管理者
	管理者	提高科研工作的整体水平	管理者
	管理者	优化专业及课程设置	管理者
	管理者	促进教师改进教学内容、教学方法和丰富教学手段	管理者
	管理者	提高学校的管理水平	管理者
学校的主办者和学校		受教育者享受高水平高等教育	全体
	受教育者	丰富学生的学缘结构	管理者
	受教育者	学生增加与其他学校交流的机会	受教育者
	受教育者	享受更优质的教育资源	受教育者
	受教育者	在未来的就业中有更多的选择	受教育者
	受教育者	在未来的深造中有更多的选择	受教育者
	受教育者	了解不同学校的教学教法	受教育者
	受教育者	提高用人单位满意度	受教育者
学校的主办者和学校		教育者对知识创新的贡献度	全体
	教育者	增加与其他学校交流的机会	教育者
	教育者	扩大科研合作的范围	教育者
	教育者	促进科研合作的深度	教育者
	教育者	促进科研合作的频度	教育者
	教育者	提升科学研究水平	教育者

（续表）

主导者的 合作需求	参与者的 合作需求	测度	数据来源
	教育者	改进教学内容	教育者
	教育者	丰富教学方法和教学手段	教育者

3.2.4 问卷设计和数据整理

根据之前提出的理论研究框架，通过定量分析的方法对不同主体合作预期进行测度。实证中采用调查问卷的方法进行测量和验证。

1. 调查问卷的设计

调查问卷的设计是实证研究中很重要的一个环节，调查问卷的质量影响着答卷者的态度和行为，进而影响数据收集的数量和质量，最终影响研究成果的有效性和可靠性。因此，问卷设计的合理性是研究的基础，也是保障数据信度和效度的前提条件[98]。

本研究的问卷设计过程经历了四个阶段：第一，根据相关的研究文献，设计出初始问卷；第二，就变量间的逻辑关系和测量题项在本研究团队内部进行了交流，对问卷的结构和内容进行了部分调整；第三，邀请校内参与过教育合作的管理者、教师和学生填写问卷，并请他们对问卷的设计形式、题项增删、具体的表述等提出建议，完善了问卷内容；第四，将修改后的问卷发送给校内外 50 余位一线管理人员、教师和学生填写，根据反馈数据的统计分析，对调查文件作进一步的完善，进而形成最后大规模发放的问卷（见附录 A）。

2. 问卷的内容

针对研究目的和研究内容，并综合考虑可能用到的统计分析方法，本问卷设计的内容包括学校和个人的基本情况、合作的基本情况、合作的动因和收益。其中，"学校的基本情况"是对参与调查的人员及其所在教育组织的了解，包括个体特征和学校特征；"合作的基本情况"是对合作的意愿及合作总体情况的评价；"合作的动因和收益"是本研究的主体内容。

3. 数据收集和整理

本问卷采用网络调查的方式，将文件通过微信、QQ、Email 等方式发送给答卷人。

为保证问卷的信度和效度，调查对象选择了"有参与合作经历的高校管理人员、一线教师和在读学生"。考虑到学科相近的原则，主要面向综合性大学和理工科院校进行了发布，同时兼顾学校的举办者、学校的所在区域等。由于问卷采用网络调查及收集，故在问卷中设计了对所在高校的了解和是否参与过教育合作的选项，以利于后期的分析。调查问卷选用半结构化答卷，主要采用李克特五级量表，依次表示：非常认同、比较认同、一般认同、比较不认同和非常不认同。

问卷来自清华大学、北京航空航天大学、北京师范大学、中国人民大学、哈尔滨工业大学、大连理工大学、东南大学、同济大学、宁波大学、重庆大学、西南交通大学、北京工业大学、苏州大学、广西理工大学等各类高校，共计 31 所。有效问卷合计 219 份。调查样本的统计特征见表 3-2。

表 3-2   调查样本的统计特征

统计变量		比例	统计变量		比例
学校主办者	教育部	39.73%	学校性质	综合类大学	51.14%
	其他部委所属	9.12%		理工院校	42.01%
	省属高校	44.75%		师范院校	0.46%
	其他	3.2%		农林院校	5.94%
	不清楚	3.2%		其他	0.45%
学校办学类型	研究型大学	27.4%	学校的其他分类	"985" 高校	24.66%
	教学研究型大学	67.58%		非 "985" 的 "211" 高校	45.66%
	教学型大学	5.02%		非 "985" 非 "211" 高校	29.68%
是否设有研究生院	是	92.24%	教师从业年限	不足 5 年	16.13%
	否	7.76%		5 ~ 10 年	20.97%
调查者身份	高校管理人员	40.64%		11 ~ 15 年	22.58%
	高校教师	28.31%		16 ~ 20 年	17.74%
	在校学生	31.05%		20 年以上	22.58%

（续表）

统计变量		比例	统计变量		比例
管理者从事管理的年限	不足 5 年	12.36%	教师职称情况	正高级职称	16.67%
	5～10 年	14.61%		副高级职称	33.97%
	10～15 年	21.35%		中级职称	42.31%
	15～20 年	12.36%		中级职称以下	7.05%
	20 年以上	39.32%	教师学历分布	博士研究生	66.13%
学生学历（年级）分布	大学一、二年级	16.18%		硕士研究生	30.65%
	大学三、四年级	30.88%		本科	3.23%
	硕士研究生	36.76%		本科以下	0
	博士研究生	16.18%	—	—	—

问卷回收后，首先对数据进行了信度检验，以评价量表的稳定性、可靠性或一致性。对数据进行信度、相关分析前，采用李克特五级量表进行五个评价等级的量化。评价等级量化表见表 3-3。

表 3-3　评价等级量化表

量化值	量化等级	量化等级	量化等级	量化等级	量化等级
2	非常赞同	满意	清楚	有很大收获	非常愿意
1	比较认同	比较满意	比较清楚	有较大收获	愿意
0	一般	一般	一般	有一些收获	一般
−1	不认同	比较不满意	比较不清楚	没有收获	不愿意
−2	非常不认同	非常不满意	非常不清楚	有负面收获	非常不愿意

信度检验。信度检验的方法有 Cronbach's Alpha 信度、折半信度和再测信度，其中 Cronbach's Alpha 信度经过检验被认为是比较符合实际应用的，本研究采用了 Cronbach's Alpha 信度。统计学上，Cronbach's Alpha 信度系数取值在 0 到 1 之间，系数越高，信度越高，问卷的内部一致性越好。Cronbach's Alpha 系数小于 0.35 为低信度，Cronbach's Alpha 系数大于 0.35 小于 0.70 为中信度，Cronbach's Alpha 系数大于 0.70 为高信度。一般问卷的 Cronbach's Alpha 系数在 0.8 以上时，该问卷才有使用价值。经计算，问卷的 Cronbach's Alpha 系数为 0.975，信度良好。

3.2.5 结果及原因分析

1. 不同主体对合作需求的预期

各种类型的高等教育合作都要满足参与合作的各主体的合作需求，不同的主体对合作的需求可能存在差异。因此，针对不同主体对合作的需求进行了调查，从合作主体的视角观测"合作应满足谁的需求"。调查结果见表3-4。

表3-4　不同群体对"合作应满足谁的需求"的反馈

被调查者身份		满足社会发展的需求	满足学校或学院发展的需求	满足教育者的需求	满足受教育者的需求
高校管理人员	平均值	1.49	1.63	1.43	1.47
	人数	89	89	89	89
	标准差	0.693	0.646	0.737	0.755
	中位数	2	2	2	2
	最小值	−1	−1	−1	−1
	最大值	2	2	2	2
高校教师	平均值	1.39	1.50	1.23	1.52
	人数	62	62	62	62
	标准差	0.662	0.647	0.777	0.695
	中位数	1	2	1	2
	最小值	0	−1	−1	−1
	最大值	2	2	2	2
在校学生	平均值	1.47	1.60	1.50	1.59
	人数	68	68	68	68
	标准差	0.610	0.550	0.560	0.629
	中位数	2	2	2	2
	最小值	0	0	0	0
	最大值	2	2	2	2
总体	平均值	1.46	1.58	1.39	1.52
	人数	219	219	219	219
	标准差	0.658	0.618	0.705	0.699
	中位数	2	2	2	2
	最小值	−1	−1	−1	−1
	最大值	2	2	2	2

有效填写人次为219，从总体来看，认为合作满足学校或学院发展的需求的平均值最高为1.58；其次是满足受教育者的需求，平均值为1.52；然后是满足社会发展的需求，平均值为1.46；最后是满足教育者的需求，平均值为1.39。

按高校管理人员、高校教师和在校学生三种类型，分别比较其合作需求。

其中高校管理人员 89 人，认为合作满足学校或学院发展的需求的平均值最高，为 1.63；其次是满足社会发展的需求，平均值为 1.49；然后是满足受教育者的需要，平均值为 1.47；最后是满足教育者的需求，平均值为 1.43。

高校教师 62 人，认为合作满足受教育者的需求的平均值最高，为 1.52；其次是满足学校或学院发展的需求，平均值为 1.50；然后是满足社会发展的需求，平均值为 1.39；最后是满足教育者的需求，平均值为 1.23。

在校学生 68 人，认为合作满足学校或学院的发展需求的平均值最高，为 1.60；其次是满足受教育的需求，平均值为 1.59；然后是满足教育者的需求，平均值为 1.50；最后是满足社会发展的需求，平均值为 1.47。

为了解不同群体对合作需求的差异，将不同群体对"合作应满足谁的需求"的反馈进行了排序，见表 3-5。

表 3-5　不同群体对"合作应满足谁的需求"的反馈排序

被调查者的身份	满足社会的需求	满足组织的需求	满足教育者的需求	满足受教育者的需求
总体	3	1	4	2
管理者	2	1	4	3
教师	3	2	4	1
学生	4	1	3	2

由表 3-5 可以看出：管理者认为要先满足组织的需求，再满足个体的发展需求；教师认为要先满足学生的需求，然后满足组织的需求，最后满足自身的需求；学生则认为要先满足教育组织的需求，再满足自身的需求，然后满足社会的需求，最后满足教育者的需求。综上，不同的合作参与者对"合作应满足谁的需求"的优先级方面，存在比较明显的差异。管理者最关注组织的需求，教师认为应首先满足学生的需求，学生认为组织的需求高于自身的需求。当然，组织的发展，最终也将落实到对教师和学生发展需求的满足上。

2. 不同主体的合作需求的相关性分析

为了进一步厘清合作的主导者与合作的作用对象对合作预期的认知差异，本研究对不同群体合作的预期的相关性进行了分析。合作预期的相关性分析，使用 SPSS 软件实现。由于变量都是分类变量，因此采用 Spearman 相关分析。本书采用的是置信水平为 99% 的双尾检验，相关分析的 p 值均于 0.001，具有统计学意义。相关系数见表 3-6。

表 3-6 合作需求的相关系数

合作预期的主体	测度	相关系数
社会收益：提高社会对教育资源配置的效率；学校办学更加符合社会发展需求	改善学校的办学条件	0.606
	优化师资队伍的学历结构	0.579
	优化师资队伍的职称结构	0.565
	实现高校间的教师流动	0.710
	提高用人单位满意度	0.530
	提高学校的办学声誉	0.797
	丰富学生的学缘结构	0.546
	丰富学校的体育文化交流	0.540
	提高学科建设水平	0.601
	提高科研工作的整体水平	0.554
	优化专业及课程设置	0.606
	促进教师改进教学内容、教学方法和丰富教学手段	0.692
	提高学校的管理水平	0.623
受教育者的预期收益：享受高水平高等教育	学生增加与其他学校交流的机会	0.697
	享受更优质的教育资源	0.758
	在未来的就业中有更多的选择	0.840
	在未来的深造中有更多的选择	0.825
	了解不同学校的教学教法	0.750
	提高用人单位满意度	0.667
教育者的预期收益：教育者对知识创新的贡献度	增加与其他学校交流的机会	0.530
	扩大科研合作的范围	0.620
	促进科研合作的深度	0.679
	促进科研合作的频度	0.624
	提升科学研究水平	0.640
	改进教学内容	0.484
	丰富教学方法和教学手段	0.530

对教育组织而言，与提高资源配置效率最相关的是实现高校间的教师流动，相关系数为 0.710，二者较强相关；其次是优化专业及课程设置，相关系数为 0.606，二者中度相关；再次是优化师资队伍的学历结构和职称结构，相关系数为 0.579 和 0.565，二者中度相关。由此可知，合作时，组织首先希望促进教师的流动，其次是改善学校的办学条件，对于教师队伍结构变化，相关性不大。这也说明，管理者认为，在影响组织发展的因素中，教师是最关键的因素。

从提高组织的声誉和办学实力来看，依次为：提高学校的办学声誉（0.797）、促进教师改进教学内容、教学方法和丰富教学手段（0.692）、提高学校的管理水平（0.623）、优化专业及课程设置（0.606）、提高学科建设水平（0.601）、提高科研工作的整体水平（0.554）、丰富学生的学缘结构（0.546）、丰富学校的体育文化交流（0.540）、提高用人单位满意度（0.530）。其中，前 5 项较强相关，后 4 项中度相关。总体而言，组织第一关注的是学校的办学声誉，第二是教师的教学能力，第三是学校的管理水平，第四是学校的学科科研，第五是学生的就业质量。

从受教育者的合作需求来看，依次为：在未来的就业中有更多的选择（0.840）、在未来的深造中有更多的选择（0.825）、享受更优质的教育资源（0.758）、了解不同学校的教学教法（0.750）、增加与其他学校交流的机会（0.697）、提高用人单位满意度（0.667）。由上可知，受教育者对合作的关注首先是就业和深造，其次是享受更高水平的教育，再次是与其他学校的交流，最后是用人单位的满意度。这也在一定程度上反映了当下学生关注"毕业后我去干什么"高于在教育中获得了什么。

从教育者的合作需求来看，依次为：促进科研合作的深度（0.679）、提升科学研究水平（0.640）、促进科研合作的频度（0.624）、扩大科研合作的范围（0.620）、增加与其他学校交流的机会（0.530）、丰富教学方法和教学手段（0.530）、改进教学内容（0.484）。由上可知，受教育者对合作的关注首先是科研，其次是教学。这也在一定程度上反映了当下教师重科研、轻教学的实际状况。

对比组织和个体的合作需求，可以发现：组织与个体对合作的预期存在明显不同。教育组织关注的收益依次为学校声誉、教学、管理、科研、学生就业；而学生对就业和深造的关注明显高于从教育中的收获；教师普通更关注科研的情况，也与组织更关注教学的需求相背。

不同主体对教育合作预期存在差异的原因是多方面的：教育组织关注人才培养，但现行的评价体系引发了教师更为关注科研，社会环境的功利化引发了学生更关注"毕业后我去干什么"。因此，虽然高校还是坚持以育人为本，但实际上，无论是教育组织，还是教育者，正在与培养"知者不惑，仁者不忧，勇者不惧"的高层次人才的教育目标相偏离。这是造成高等教育组织合作中出现不同主体之间存在明显不同的根本原因。

如前所述，高等教育组织间合作的目标与组织的目标是统一的，均以"育人"为根本。因此，单纯就合作而言，既要在合作初期综合考虑教育组织、教育者和受教育者的不同合作预期，也要坚持"育人"这一根本目标。高等教育组织是社会组织的一部分，必须保持开放状态，同社会进行能量交换，才能使自己具有持续的生命力。因此，大学必须要满足社会的需要。同时，大学是探究高深学问、培养具有独立人格、以科学为准绳的高层次专门人才的组织，应客观公正、引领社会向善的方向前进。大学不是风向标，不能什么流行就迎合什么。大学应不断满足社会的需求，而不是它的欲望[99]。同样地，从个体来看，无论是教育者，还是受教育者，都需要满足社会的需要，但也要遵从对知识的敬畏、对社会的尊重。因此，大学聚集的就是这样一群人：一群对自己的专业知识和思想有一种庄严的敬意，不肯屈服于知识之外的压力并严肃追求科学，具有独立人格并以科学为是非准绳的知识分子[100]。

3.3 基于资源供给的合作动因

3.3.1 教育资源的内涵

《中国资源科学百科全书·资源科学》中将资源分为自然资源和社会资

源。自然资源指的是人类可利用的自然生成的物质与能量；社会资源指人类通过自身的劳动，在开发利用自然资源的过程中的物质与精神财富[101]。社会学把资源定义为"使事情发生的能力"[102]。英国社会学家吉登斯将资源概括为配置性资源和权威性资源，配置性资源侧重物质性资源（包括自然环境与人工物质产品，来源于人对自然的支配），权威性资源侧重非物质性资源（权利生成过程中需要的资源，来源于驾驭活动的能力）[103]。科尔曼则对资源做了更宽泛的理解，认为是那些能满足人们需要和利益的物品、非物品（如信息）以及事件（如选举）[104]。刘精明等认为，依据资源的绝对性与相对性，所有可分配的资源均可划分为生存资源与地位资源，且适用于所有资源分配领域[105]。虽然不同的学科和视角对资源的定义存在不同，但其基本共识是：资源是相对人这个主体而言的，资源是对人类有用的物，人类应该合理利用有限的资源。

教育资源一词最早产生于教育经济学领域。顾明远在《教育大辞典》的界定：教育资源亦称"教育经济条件"，是指教育系统中支持整个教育过程达到一定的教育目的，实现一定的教育和教学功能的各种资源，是人力资源和物力资源、财力资源的总和[106]。我国学者对教育资源的界定也都是以此为基础，范国睿、范先佐、王善迈等将教育资源概括为人力、物力和财力三个方面[107]。唐明钊提出广义和狭义教育资源之分，广义教育资源指包含学校以外的家庭教育、成人教育、社会教育、终身教育等各种教育资源；狭义教育资源指学校及相关教育机构的教育资源[108]。康宁则把教育资源的概念进一步拓展为人力资源、物力资源、财力资源、信息资源、时空资源、制度资源等几个方面[109]。学者 L . Jones 认为教育资源指会以某种方式影响学生学习的人、财、物、事投入的总和，在一切教育资源中，教育经费可以看作是几乎所有其他资源必须依赖的基础性资源[110]。

目前，教育资源有不同的分类方式，比如资源存在形态、资源自身的属性、资源来源的分类、与教育教学过程的远近关系等。按照资源存在形态，教育组织的教育资源分为有形资源与无形资源。按照资源自身属性，高校教育资源分为硬件资源与软件资源。按照资源来源分类，高校教育资源分为来自政府的教育资源、来自高校的教育资源和来自社会的教育资源。根据与教育教学过程的远近关系，可以把资源分为直接资源和间接资源两类[111]。

教育资源是存在于教育组织之中，为高校教育活动服务并发挥具有一定的教育价值作用的各类资源要素的集合，它不仅包括人力、物力、财力方面的资源，还包括信息资源、品牌资源、课程资源、管理制度资源等。因此，本书基于资源的存在形态，兼顾资源的属性、来源，将教育资源分为两类：有形资源和无形资源。

有形资源是指可以直接使用或开发其存在价值的资源，又称为硬资源，包括人力资源、财力资源和物力资源[112]。就教育组织而言，人力资源包括教师、学生、管理人员、后勤保障人员的数量及其分布；财力资源指来源于政府、学校自身和社会捐赠的各类教育经费，其中，学校、文化、自身的经费与学校的人力、物力资源情况和无形资源有密切的关系；物力资源主要指有形的、具体的各种教学场所、机器或设备，诸如教学楼、图书馆、实验室、生活服务设施、文体活动场所、图书、仪器、固定资产等。

无形资源是指非物质性的、看不见摸不着的教育资源，国内学者对无形资源的研究主要从概念、分类、特性以及作用这些方面来进行研究。金建国认为企业的无形资源具有六大本质属性，包括无物质形态，价值贡献性，记忆与积累性，学习、创造与自我完善性，非独占性，内容与关系的复杂性[113]。本书认为，高校的无形资源主要包括教育组织的社会声誉、办学历史、学校文化、学校的信息资源、课程资源、管理制度等。

需要说明的是，无形资源和有形资源之间并不是相对独立的。于冬、王元地认为无形资源有可分性与共享性、对有形资源的相对依附性、隐蔽性三个主要的性质[114]。郝云宏、张蕾蕾认为，企业声誉是一项可以为企业带来利润和财富的重要无形资源[115]。杨俊，张玉利等认为，在创业过程中，越丰富利用关系资源的创业者越容易得到丰裕的创业资源[116]。本书仅从利于研究的角度进行了划分。

3.3.2 高校教育资源的测量

了解高校教育资源供给情况，从我国基本国情出发，考虑数据的可测性、可得性、可信性、可比性，根据高校教育资源的内涵，从国家统计数据中提取了教育资源类数据。其中从教育部统计数据中提取了 2007—2016 年全国高等教育事业统计数据；从资源与地区分布差异的角度，提取了 2016 年全国 31 个省、自治区、直辖市的高等教育事业统计数据；从分析学校资源分布差异的角度，搜集了 2016 年 65 所高等学校的资源数据。

高等学校的属性按照教育部统计口径将学校的办学类型分为大学、学院、独立学院三类；学校的举办者分为教育部属、其他部委所属、省属教育主管部门所属、省属其他部门所属；高校的性质类别分为综合性大学和单科性大学，单科性大学分为理工、政法、农林、医药、师范等，所属学校的性质类别根据教育统计数据提取。

主要指标及描述如下：

（1）人力资源情况。高校的人力资源包括教职工和学生。其中，教职工总数、专任教师的数量和分布、学生的数量和分布以及教师、学生的比值都影响高校的实际资源状况。

学生人数包括本科生人数、硕士研究生人数、博士研究生人数和来华留学生人数。从自然规模上，分别提取了各类别及层次的在校生自然人数。考虑到不同类型和层次的学生对普通高校办学条件状况的影响不同，在计算生均资源占用情况时，参考了教育部《普通高等学校基本办学条件指标（试行）》中的折算办法进行折算。具体公式是：折合在校生数 = 普通本、专科（高职）生数 + 硕士生数 ×1.5+ 博士生数 ×2+ 留学生数 ×3。

教职工人数包括教职工总人数和专任教师人数；教师的职称情况分为正高、副高、中级及以下；教师学历情况分为博士、硕士、本科及以下。

（2）物力资源情况。物资配置包括学校的占地面积、建筑面积、运动场地面积、教室数量、多媒体教室数量、图书册数。资产配置情况包括学校的固定资产总值、教学仪器设备资产值。

（3）财力情况。经费情况提取了 2007—2016 年全国教育经费统计数据，内容包括生均办学经费情况。

上述内容共同构成了高校教育资源测量指标体系，见表 3-7。

表 3-7　高校教育资源测量指标体系

一级指标	二级指标	三级指标
人力资源情况	学生情况	本科生人数
		硕士生人数
		博士生人数
		来华留学生人数
		当量学生人数总和
	教职工情况	教职工总人数
		专任教师人数
		正高级职称专任教师人数
		副高级职称专任教师人数
		中级及以下职称专任教师人数
		具有博士学位的专任教师人数
		具有硕士学位的专任教师人数
		具有本科及以下学历的专任教师人数
物力资源情况	物资配置	占地面积
		运动场地面积
		建筑面积
		图书册数
		教室数量
		多媒体教室数量
	资产配置	固定资产总值
		教学仪器设备资产值
财力情况	经费情况	生均办学经费

3.3.3 我国高校资源供给状况的变化趋势

　　为了解我国大学组织资源的状况，对教育部公布的 2007—2016 年的高等教育统计数据，从人力资源、物力资源、财力资源进行了统计分析，目的是厘清全国高校近十年的资源变化状况。需要说明的是，因统计口径的调整，2010—2012 年的学校占地面积、建筑面积、运动场地面积、图书册数、教室数据、固定资产总值、教学、科研仪器设备资产总值等数据缺失，财力数据仅反映了公办学校的情况，故本部分只比较学校的整体情况和人力资源的变化情况。这一情况也说明，统计数据的最大问题是数据自身的真实性和统计口径的一致性。

（1）学校数量。全国高校数量从 2007 年的 1 908 所增长到 2 596 所。其中，公办普通高校从 1 613 所增长到 1 855 所，民办普通高校从 295 所增长到 741 所。公办普通高校数量明显高于民办普通高校的数量，民办普通高校的增长的速度和绝对值均明显高于公办普通高校。公办高校以每年 20 所左右的速度稳步增加，民办高校在 2007—2011 年快速增长，之后增长速度明显趋缓，见图 3-2。

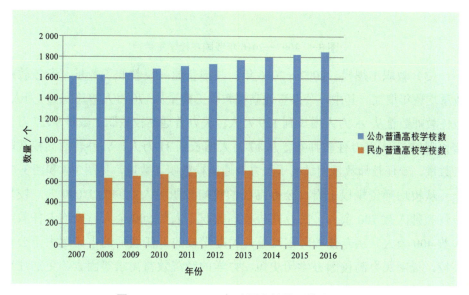

图 3-2　2007—2016 年我国高校数量统计数据

（2）在校生规模。2007—2016 年，我国普通高校的在校学生数量稳步增长。其中，公办普通高校在校学生数量，从 1 540 万人增长到 2 079 万人，每年增长约为 50 万人，增长速度基本平稳；民办普通高校在校学生数量从 343 万人增长到 616 万人，平均每年增长约 25 万人，增长速率快于公办高校。

从办学规模上看，公办高校在校生规模远大于民办高校。以 2016 年为例，公办高校的校均在校生规模约为 11 000 余人，民办院校的校均在校生规模约为 8 300 余人。见图 3-3。

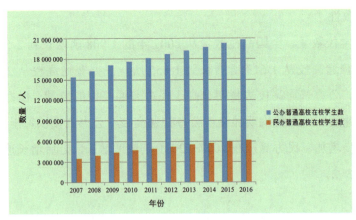

图 3-3　2007—2016 年我国在校学生数目

（3）教职工规模。2007—2016 年，我国普通高校教职工数量、专任教师数量均逐年增加。其中，公办普通高校教职工数量从 170 万人增长到 197 万人，专任教师数量从 98 万人增长到 129 万人；民办普通高校教职工数量从 27 万人增长到 43 万人，专任教师数量从 17 万人增长到 31 万人。公办普通高校教职工数量、专任教师数量明显高于民办普通高校教职工数量，见图 3-4 和图 3-5。

从校均师资规模上看，公办高校的校均教职工人数约为 1 000 人，校均专任教师人数 700 余人，民办高校校均教职工人数 500 余人，校均专任教师人数 400 余人。从专任教师占比看，民办学校的专任教师的占比远大于公办高校，说明民办高校因办学历史短、办学的经济效益需求等因素，更加注重专任教师在教职工规模中的百分比。

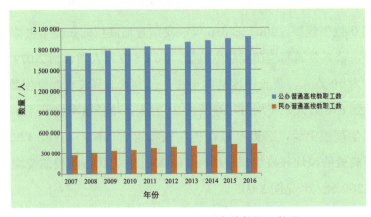

图 3-4　2007—2016 年我国在校教职工数目

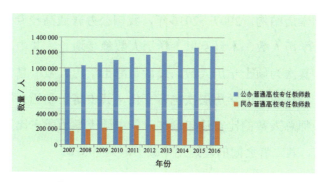

图 3-5　2007—2016 年我国专任教师数目

（4）教师职称结构。2007—2016 年，我国普通高校专任教师正高级人数、副高级人数、中级及以下人数逐年增加。从教师职称结构看，公办普通高校专任教师正高级职称人数、副高级职称人数在专任教师总人数的比例逐年增加，2016 年已达到正高级职称占比约 0.13，副高级职称占比超过 0.3；民办普通高校专任教师正高级职称人数、副高级职称人数占专任教师总人数的比重变化不大，分别集中在 0.09 和 0.23，明显低于公办普通高校专任教师对应职称人数占比，见图 3-6 和图 3-7。

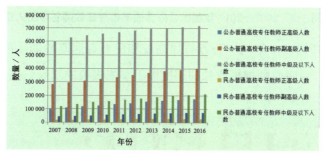

图 3-6　2007—2016 年我国专任教师职称情况

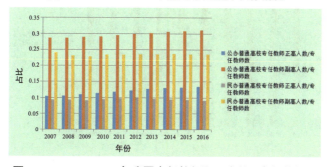

图 3-7　2007—2016 年我国专任教师职工人数 / 专任教师数

（5）教师学历结构。2007—2016 年，我国公办普通高校专任教师博士学历人数、硕士学历人数、本科及以下学历人数稳步增长，其中本科及以下学历人数最大，其次为硕士学历人数，最后是博士学历人数，且三者之间的差距逐年减小。专任教师的学历层次也有变化，其中博士学历人数、硕士学历人数占专任教师总人数的比重逐年增加，其中硕士学历所占比重要高于博士学历所占比重，其二者之间的差距逐年减小，见图 3-8。

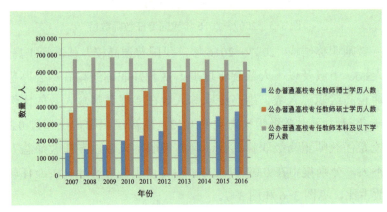

图 3-8　2007—2016 年我国公办普通高校专任教师各学历人数

（6）生师比。十年间，公办普通高校和民办普通高校的生师比均呈缓慢上升的趋势，说明教师规模增长的速度慢于学生规模的增长，见图 3-9。

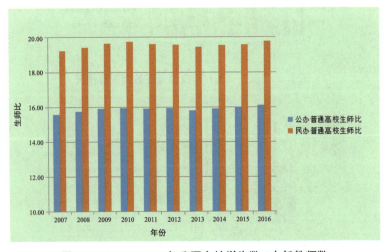

图 3-9　2007—2016 年我国在校学生数／专任教师数

（7）教师职称与在校生人数对比。从专任教师职称与在校学生数对比上看，公办普通高校专任教师正高级职称人数的比重逐年增加；公办普通高校副高级职称人数、民办普通高校专任教师正高级职称人数、民办普通高校专任教师副高级职称人数与在校学生数的比值总体平稳，分别集中在 0.018 7、0.004 8、0.011 9；公办普通高校专任教师正高级人数、副高级人数与学生数量的比值明显高于民办普通高校，见图 3-10。

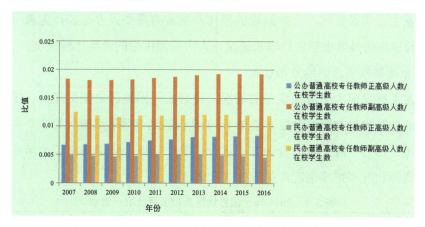

图 3-10　2007—2016 年我国专任教师职称人数 / 在校学生数

（8）教师学历与在校生人数对比。从与学生数量的比值来看，专任教师中具有博士学历教师人数比例逐年增加，具有硕士学历教师人数与在校学生的比值在 2013 年之前为逐年增加，2013—2016 年逐年减小，见图 3-11。

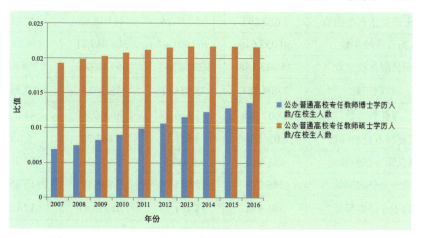

图 3-11　2007—2016 年我国专任教师学历人数 / 在校学生数

综上，2007—2016 年，我国高等教育呈现大众化发展趋势，普通高校数量、师资规模、学生规模呈稳步增长的态势。学校师资结构变化比较明显，高级职称数量、研究生学历数量有较大增长；正高级职称教师比例、副高级职称教师比例、具有博士学位的教师比例增长明显，具有硕士学位的教师比例基本持平，本科生及以下的教师比例明显减少。

由此说明，我国高校近十年办学规模逐步扩大，师资的职称结构、学历结构发生了明显变化，公办高校的整体办学实力高于民办高校，但教师数量的增长速度明显低于学生的增长速度，人力资源供给的矛盾比较突出。

3.3.4 全国高校资源供给分布状况

为了解我国大学组织资源的状况，特别是不同地区之间的差异，笔者从教育部公开发布的数据中提取了 2016 年全国各地高等教育统计数据，并从人力资源、物力资源、财力资源方面进行了统计分析，分别列出了全国各地区高校资源状况和排序情况，见表 3-8 和表 3-9。

表 3-8　2016 年全国各地区高校资源状况一览表

	总计	均值	标准差	中位数
普通高校数量	2 596	83.74	41.28	82
本专科在校生数	26 958 433	869 626.87	540 241.97	756 287
研究生在校生数	1 954 755	63 056.61	59 828.57	51 717
博士研究生在校生数	334 160	10 779.35	16 582.49	5 997
硕士研究生在校生数	1 620 595	52 277.26	44 048.82	45 272
折合在校生数	30 057 646	969 601.47	580 449.31	836 282.5
全日制在校生数	28 913 188	932 683.48	564 109.02	798 919
教职工数	2 404 784	77 573.68	45 340.8	73 357
专任教师数	1 601 968	51 676.39	30 300.04	44 751
正高级专任教师数	202 154	6 521.1	4 463.72	5 140
副高级专任教师数	473 801	15 283.9	8 971.21	13 759
博士专任教师数	366 289	11 815.77	9 846.17	10 050
硕士专任教师数	581 615	18 761.77	10 955.47	17 169

（续表）

	总计	均值	标准差	中位数
占地面积 / 平方米	1 768 975 046	57 063 711.15	32 868 075.87	49 042 451
图书 / 万册	252 753	8 153.33	4 839.93	7 411.5
固定资产值 / 万元	196 438 133	6 336 713.97	4 072 872.1	5 887 780
教学、科研仪器设备资产 / 万元	45 003 240	1 451 717.42	1 151 232.38	1 196 550
专任教师的生师比		18.762 95		
专任教师数 / 教职工数		0.666 158 79		
生均占地面积		61.182 289 7		
生均图书		84.089 500 6		
生均固定资产		6.535 379 93		
生均教学、科研仪器设备资产		1.497 231 05		
师均教学、科研仪器设备资产值		28.092 471 3		
师均占地面积		1 104.251 17		
师均图书册数		1 577.767 1		
师均固定资产值		122.623 007		
生均公共财政预算教育事业费支出 / （元 / 人）		18 747.65		
生均公共财政预算公用经费支出 / （元 / 人）		8 067.26		

表 3-9　全国高校各地区的资源状况排序情况

	前一	前二	前三	后三	后二	后一
普通高校数量	江苏	广东	山东	宁夏	青海	西藏
本、专科在校生数	山东	广东	河南	宁夏	青海	西藏
研究生在校生数	北京	江苏	上海	宁夏	青海	西藏
博士研究生数	北京	上海	江苏	宁夏	青海	西藏
硕士研究生	北京	江苏	上海	宁夏	青海	西藏
折合在校生数	山东	广东	江苏	宁夏	青海	西藏

（续表）

	前一	前二	前三	后三	后二	后一
全日制在校生数	山东	广东	河南	宁夏	青海	西藏
教职工数	江苏	山东	广东	宁夏	青海	西藏
专任教师数	江苏	山东	河南	宁夏	青海	西藏
正高级专任教师数	北京	江苏	广东	海南	青海	西藏
副高级专任教师数	江苏	山东	湖北	宁夏	西藏	青海
博士专任教师数	北京	江苏	广东	宁夏	青海	西藏
硕士专任教师数	河南	山东	广东	宁夏	西藏	青海
占地面积/平方米	山东	江苏	河南	宁夏	青海	西藏
图书/万册	江苏	山东	河南	宁夏	青海	西藏
固定资产值/万元	江苏	北京	山东	宁夏	青海	西藏
教学、科研仪器设备资产/万元	北京	江苏	广东	宁夏	青海	西藏
全日制在校生数/普通高校数	河南	山东	四川	宁夏	青海	西藏
专任教师数/普通高校数	河南	四川	北京	新疆	青海	西藏
专任教师的生师比	广西	海南	安徽	青海	宁夏	西藏
专任教师数/教职工数	云南	河南	安徽	黑龙江	上海	北京
生均占地面积（占地面积/全日制在校生数）	新疆	宁夏	西藏	上海	广东	山西
生均图书	北京	西藏	上海	甘肃	山西	广西
生均固定资产	北京	上海	浙江	青海	河南	山西
生均教学科研仪器资产	北京	上海	浙江	江西	云南	贵州
师均教学科研仪器设备资产	北京	上海	天津	江西	云南	贵州
师均占地面积	新疆	宁夏	西藏	山西	上海	北京
师均图书册数	浙江	海南	上海	内蒙古	宁夏	青海
师均固定资产值	北京	上海	天津	河南	山西	青海
生均公共财政预算教育事业费支出/（元/人）	北京	西藏	上海	河南	湖南	四川
生均公共财政预算公用经费支出/（元/人）	北京	上海	宁夏	河南	湖南	四川

因数据较多，仅选取生师比、教师学历结构、职称结构三项指标作进一步分析，其余数据可从中国教育部相关网站上查询，书中不再列出。

（1）生师比。2016 年普通高校专任教师的生师比（折合在校生数 / 专任教师数），广西、海南、安徽位居前三，分别为 21.08、20.67、20.61，青海、宁夏、西藏位居后三，分别为 15.48、15.44、18.76，见图 3-12。

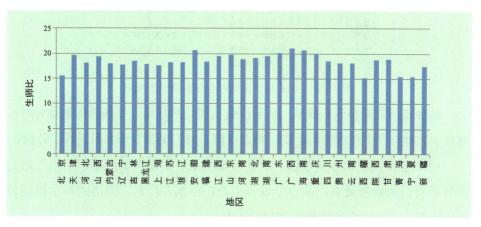

图 3-12　2016 年普通高校专任教师的生师比

（2）教师的学历结构。2016 年，全国高等教育学校（机构）专任教师博士学历、硕士学历、本科及以下学历人数分别为 366 289、581 615、654 064 人。其中博士学历专任教师人数方面，北京、江苏、广东位居前三，分别为 41 937、34 747、23 806 人，宁夏、青海、西藏位居后三，分别为 1 094、455、229 人，平均值为 11 815 人。硕士学历专任教师人数河南、山东、广东位居前三，分别为 40 018、38 286、37 060 人，宁夏、西藏、青海位居后三，分别为 3 009、1 245、1 211 人，平均值为 18 761 人。本科及以下学历专任教师人数山东、河南、广东位居前三，分别为 48 904、47 778、40 294 人，宁夏、青海、西藏位居后三，分别为 3 941、2 674、993 人，平均值为 21 098 人。北京、上海、天津的博士人数 > 硕士人数 > 本科及以下学历人数，江苏的大致比例相同，其余地区呈现博士人数 < 硕士人数 < 本科及以下学历人数，见图 3-13。

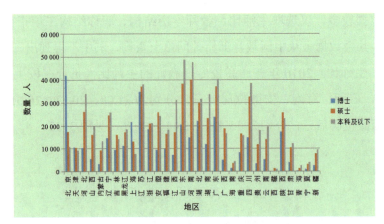

图3-13 2016年普通高校专任教师学历情况

结合总体数据和核心数据，从学校数量和办学规模、专任教师数量和结构分布、教师与学生资源的匹配度、物力资源、财力资源5个方面进行了分析。

（1）学校数量和办学规模。从学校数量上看，江苏、广东、山东三地的高等教育机构数量最多；从办学规模上看，山东、广东、河南的学生规模较大，江苏、山东、广东的教职工规模较大。

（2）专任教师数量和结构分布。从规模上看，江苏、山东、河南的专任教师数量较大；从学历、职称的绝对数量来看，北京、江苏、广东的博士学历人数和正高级职称人数排序靠前；从教师的学历结构看，北京、上海、天津的博士学历教师比例最高；从教师的职称结构看，北京、上海、青海的正高级职称教师比例最高。

（3）教师与学生资源的匹配度。校均学生规模方面，河南、山东、四川较大；校均教师规模方面，河南、四川、北京较大。从生师比上看，青海、上海、北京的生师比最小，安徽、河南、江苏的最大；从教师的学历结构的生师比，北京、上海、天津的博士学历的生师比最小；从教师的职称结构看，青海、上海、北京的正高级职称生师比的比例最高。

（4）物力资源。学校数量多、学生数量多的地区，物力资源总量相对较大。但按学生、教师数量的平均值计算，差异明显。其中，生均占地面积和师均占地面积上，新疆、宁夏、西藏有明显的优势；生均和师均固定资产方面，北京、上海、天津优势明显，在一定程度上体现了经济因素对资产配置的影响。

（5）财力资源。生均公共财政预算教育事业费支出方面，北京、西藏、上海最高；生均公共财政预算公用经费支出中，北京、上海、宁夏最高。

综合来看，各地学校的数量与人力资源的规模不直接相关，各地学校的办学规模差异较大。教师与学生资源存在匹配度不同的情况，其中，在教师数量、学生数量、师资结构、生均指标方面差异明显；生均物力资源占用率存在差异，一定程度上反映了经济因素对资产配置状况的影响；教育经费的投入既与当地经济发展水平相关，也与中央、地区两级财政的支持力度有关，反映了教师与学生资源的不匹配性。

因此，全国各地区高等教育资源分布很不均衡。北京、上海、江苏、广东、天津等地区的资源占有程度较高，青海、西藏、宁夏等地区的资源占有程度较低。这个情况与我国不同地区高等教育的强弱分布大体一致。分布强弱所指区域与经验值大致相同，表现出了一定的聚类特征。

3.3.5 资源视角的合作动因分析

资源稀缺是普遍存在的问题，教育的主体多元与目标多重的特性使其对资源的依赖性更强。当前，教育资源供给不足与资源分布不均已成为现阶段我国教育资源供给的两大问题。从 2007—2016 年全国高校规模和资源供给情况来看，十年办学规模逐步扩大，师资的职称结构、学历结构发生了明显变化，公办高校的整体办学实力高于民办高校，但教师数量的增长速度明显低于学生数量的增长速度，人力资源供给的矛盾比较突出。从 2016 年全国各地区高等教育资源分布情况来看，资源分布很不均衡。北京、上海、江苏、广东、天津等地区的资源占有程度较高，青海、西藏、宁夏等地区的资源占有程度较低。而在教师学历分布上，北京、上海、天津的博士人数＞硕士人数＞本科及以下学历人数，江苏的大致比例相同，其余地区呈现博士人数＜硕士人数＜本科及以下学历人数。由此说明，教师学历结构存在明显差异。可见，当前高等教育组织的生师规模比例不尽合理，教师规模偏小，教师结构化差异明显。因此，高校为了组织的生存和发展，可以通过参与教育合作网络与合作伙伴进行资源共享，通过获取互补性资源，寻求资源在更广泛范围的合理配置，也有助于实现教育资源利用价值最大化，实现高等教育从数量到质量的提升。这是高等教育组织间合作的资源供给动因。

3.4 本章小结

本章研究验证了当前高等教育组织间合作中存在合作主体的实际收获与合作预期偏离的现象，发现了各方合作预期与高等教育育人功能存在偏离的现象和出现的不同程度的功利化趋势。

高等教育组织是多样性和统一性的矛盾统一体，其核心目标是以知识的传承、获取、传播为链条，教人以"不惑、不忧、不惧"。尽管合作呈现出了多样化的形式、内容、方式，但始终要围绕此目标展开。通过对31所高校219份问卷调查的结果分析，发现教育组织对合作的需求依次为学校声誉、教学、管理、科研、学生就业；学生对就业和深造的关注明显高于其他收获；教师对合作的需求首先是科研收获，其次才是教学能力的提升。不同主体对合作需求的差异是高等教育组织多样性的具体呈现，但现行评价体系引发教师对科研的投入大于教学投入；社会环境的功利化引发了学生更关注毕业去向而非学业收获。因此，虽然高校坚持育人为本，但实际上，无论是教育组织，还是教师，都出现了不同程度的目标偏离。这是造成高等教育组织在合作中出现不同主体之间存在明显不同的根本原因。

在资源供给状况方面，2007—2016年全国高等教育事业统计数据和2016年分省数据的统计表明：大众化教育的背景下，我国高校生均资源呈下降趋势，各地资源分布亦不均衡，师资规模呈现了结构化差异，需通过寻找互补性资源来改善。

在合作需求方面，问卷调查显示，政府、教育组织、教育者和受教育者所具有的主观意识，使各方都有较为明确的合作需求。在合作构建时，既要在合作初期综合考虑教育组织、教育者和受教育者的不同合作预期，也要坚持"育人"这一根本目标。

　　由上可知，为满足社会发展、获得更多的经济效益和促进教育公平，政府通过资源共享的方式推动合作，也会通过政策和制度来推动合作；组织从获取互补性资源、促进组织能力提升和满足组织内个体需求出发，希望开展合作；组织内个体希望参与合作提升个体竞争力。

第 4 章　高等教育组织间合作的
影响因素及机理分析

第 1 章指出，目前合作的主要问题是"合作各方的实际收获与合作预期存在差异"。在对高等教育组织的本质属性、组织特征和合作内涵研究的基础上，第 3 章从不同群体的合作需求和教育资源的供给情况分析了高等教育组织间合作生成的动因。本章将基于前述的结论，从合作的始点来研究"如何构建合作以减少合作各方的实际收获与合作预期之间存在的差异"的问题。本章将从合作需求和资源差异的视角，研究合作关系构建的影响因素及其作用机理。

4.1 合作形成的影响因素研究

教育组织间的合作，就是随着教育治理的发展，教育服务主体由单一政府管理走向多元化主体治理的过程，承担不同职能的部门之间一起承担共同职能的政府部门、营利部门、非营利部门以及学校之间进行的正式与非正式合作。在习惯于政府管理的中国社会形态下，组织间能否出现合作、合作后能否顺利进行，受到合作对象的资源、合作意愿、合作预期、合作投入程度以及外部环境等多方面因素的影响。

4.1.1 个体层影响因素

高等教育组织间合作的形成受到组织内生因素的影响。基于资源基础理论（resource-based theory），高等教育组织在资源稀缺、有限的情况下，自身资源无法满足组织发展的需求且这些资源在组织间具有不可复制性，为了谋求发展需要依赖其他组织的优势教育资源从而形成合作。基于动态能力理论（dynamic capabilities theory），高等教育组织通过整合、构建、重新配置内外部资源，使其适应快速变化的环境，而这种构建、整合的能力促成了高等教育组织间的合作。基于吸收能力理论（absorptive capacity theory），吸收新知识能使组织变得更具创新性和灵活性，相较不吸收新知识的组织有着更高的绩效水平[117]，具有较强吸收能力的高等教育组织能在合作中获取更多的竞争优势，从而促使高等教育组织形成合作。可见，基于以上三种理论，高等教育组织间资源、能力的差异影响合作的形成。

（1）资源差。如第 3 章所阐述，高等教育组织间存在资源的不均衡，不同组织间存在资源差异，可以通过对资源的测度得到不同组织的资源位置和组织间的资源距离。

（2）合作导向。当资源无法满足教育组织的目标时，寻求教育组织之间的合作就成为一种必然。组织的合作导向包括合作的目标，基于合作目标分析组织外部资源与内部资源，以及可支配的内部资源。

（3）合作构建能力。组织能力是某种组织基于现有的资源，组织成员间相互合作，达到某种目标的能力[118]。教育组织的合作构建能力包括教育组织对合作伙伴的选择、关系的发起与调整。

（4）合作协调能力。合作协调能力包括教育组织与合作伙伴之间基于合作模式、合作范围、利益分配等方面的协商与调整。协调能力主要体现在两个层面：一是组织内部的协调；二是组织间的协调。

（5）学习吸收能力。学习吸收能力是涉及知识、识别、评价、消化、转化、整合和应用的能力和过程[119]。资源基础理论认为组织的竞争能力是由组织的内部资源决定的。吸收能力在很大程度上也依赖于组织的资源，如组织的人力资源、研发投资、组织结构和组织能力等。学习吸收能力不仅仅包括识别、消化和应用能力，而且还应该包括准确预见未来技术机会的能力[120]。对于高等教育组织，学习吸收能力表现在教育者和受教育者的自我发展的认知和需求上。

4.1.2 关系层影响因素

组织间合作就是组织间建立合作关系，从关系层来看，包括合作双方合作意愿是否匹配，相互间合作的历史和信任关系，在合作中能够沟通协调、信息共享、风险共担，以及基于合作建立的合作收益分配机制和合作中产生的创新成果的归属。

（1）信任关系。信任是合作产生的基础，也是合作顺利进行的前提。合作型信任是从契约型信任和制度型信任发展过来的，在此类信任中出于利益需求的工具理性呈现弱化的趋势，合作双方在经过真诚的沟通和交流后，信任关系由此产生[121]。合作和信任本质上是同构的，两者有着千丝万缕的联系，信任产生合作，合作增进信任[122]。通过信任和建立有效的合作收益分配机制和创新成果的归属，有利于合作的持续性和稳定性。

（2）信息共享。信息共享是为了使每一个人或组织都有权利在特定的范围内最大限度地利用已有的信息资源将特定的全部或部分信息资源提供给特定的对象来分享利用。它是一种建立在互惠互利基础上的资源共享活动[123]。合作中的信息共享是沟通协调的基础。

（3）资源匹配。资源匹配是指社会对其拥有的各种资源在不同范围内、不同用途之间的分配[124]。教育资源配置是指教育机构（学校）如何获得人力、物力、财力和信息等社会资源的投入，又如何为消费者提供教育产品，使得教育服务最大限度上满足人和社会发展需要的过程[125]。

（4）利益分配。合作伙伴之间合理的利益分配影响合作的成功。利益分配是资本和生产资料的权益人对总收益的分割，利益分配有广义和狭义之分。广义指的是收入的分配，狭义指的是净利润的分配。利益分配在资本运作中起着联结的作用，是利益生产的中心环节，其相关理论的发展受经济运行方式的影响[126]。

4.1.3 收益层影响因素

一个好的合作，要满足各方的需求。高等教育组织的合作主体包括社会、教育组织、教育者和受教育者。合作也要满足这些主体的需求。

（1）资源拓展和资源创新。资源的拓展不仅仅意味着资源数量的不断增加，同时也是组织能力由弱到强演化的过程[127]。基于资源相关论，高等教育组织间合作的组织收益表现为有形资源的收益和无形资源的收益。其中有形资源的收益定义为资源拓展，无形资源的收益定义为资源创新。

（2）新知识的获取与创新。基于资源发展观，教育组织将获取的新知识应用到组织管理、能力发展等方面的创新。外部知识获取是指从外部通过多种渠道和过程获得组织所需要的知识[128]；内部知识获取是指通过组织自身和内部的研发和学习来获取新知识[129]。此外，学者们对于知识获取的研究多采用行为相关理论视角。

4.1.4 环境层影响因素

高等教育组织间合作的形成受到组织外部环境的影响。高等教育组织是一个开放的系统，其所处的政治、经济、社会、技术等外部环境都会对合作形成产生一定的影响。政策环境影响着高等教育组织的资源获取和配置，从而导致高等教育组织间的资源差异与资源流动。经济环境直接影响着政府、企业、个人等主体对高等教育组织资源的投入，同时经济的发展也对教育需求提出了更高的要求。人文社会环境的改善，影响着社会中个体对高等教育的诉求与渴望，进而影响着社会中个体对高等教育组织的选择和高等教育组织寻求优势资源合作的意愿。诸如计算机、网络和通信等技术的快速发展，在为高等教育组织间合作提供技术保障的同时，也影响着高等教育组织间资源的差异与合作的必要。

（1）政府政策。政策是一系列互相联系的决定，这些决定与选择目标在一定形势下为实现目标所需的方法相关。政府对合作的态度，可以通过目标、问题以及过程三个维度制定合作政策和推动实施，而其政策的实质即社会的收益和分配。

（2）经济状况。社会经济状况是指社会经济的运行情况，它将直接影响政府对教育组织的资源投入。

（3）技术条件。语言和文字是知识传授的重要媒介，也为教育资料的留存提供了可能；交通的发展，拉近了教育者和受教育者之间的空间距离；信息与网络，让时空交流的限制进一步缩小。全球化、信息化及技术的进步深深地影响着教育和教育组织，也为高等教育合作超于民族、国家的范畴提供了可能。

（4）教育需求。教育需求是个人、组织或者社会本身状况与期望之间的差距。就社会而言，指在一定时期内国民经济各部门以及社会各方面对各类专门人才和受过一定教育的劳动者数量、质量和结构等方面的要求；就个人和家庭而言，指个人和家庭为满足某种精神和物质的需要对接受各类教育的要求[103]。

4.1.5 影响因素的理论模型

从前述分析可知，合作的构建应从合作各主体的需求和组织资源和能力情况出发，综合考虑组织层、收益层、关系层和环境层的影响。其中，组织维度中，初始状态包括组织的资源状况、合作导向、合作可支配的资源、合作的构建能力、合作的协调能力；预期收益包括有形资源收益和无形资源收益。组织间关系维度的初始状态包括合作导向、资源匹配、信任关系、彼此间的信息共享和沟通协调。个体维度只有合作需求，包括教育者的合作需求和受教育者的合作需求两部分。环境维度的初始状态包括政治、经济、社会、技术等条件，预期收益体现为组织的整体收益和教育者、受教育者的个体收益。由此，构成高等教育组织间合作形成的影响因素模型，见图 4-1。

图 4-1　影响因素模型

4.2 合作形成的路径

4.2.1 基于解释结构模型的合作形成影响因素分析

　　本研究分析高等教育组织合作形成的影响因素及其层次结构关系，选用解释结构模型的原因是：高等教育组织合作形成的影响因素较多，且这些影响因素之间的关系复杂，如何厘清这些影响因素之间的层次结构关系是本研究的重点。解释结构模型（interpretative structural modeling，ISM）以定性分析为主，属于概念模型，可以把模糊不清的思想转化为直观的具有良好结构关系的模型。其基本思想是提取问题构成的各个要素，对各要素及其相互关系进行处理，将复杂的系统构造成多级递阶结构模型，用文字进行解释说明，以明确和提高问题的认知和理解程度。本研究的内容与解释结构模型的基本思想吻合，因此本研究采用解释结构模型作为高等教育组织间合作形成的影响因素分析的研究方法。

　　由上可知，从组织的自身状况和各主体预期收益的视角，考虑外在环境、组织内生、组织间关系和组织内个体 4 个维度，提炼总结了 15 项影响因素，见表 4-1。

表 4-1　高等教育组织间合作形成的影响因素

类型	编号	影响因素	因素描述
外部因素	F1	政策环境	政府对合作的态度和支持力度，也可以直接通过政策性指令的方式促成高等教育组织间的合作
	F2	经济环境	国家、省际、地区的经济发展水平对教育资源的投入及其对教育资源的需求
	F3	技术环境	计算机、网络和通信等技术的快速发展为合作提供了技术保障并推动了合作的形成，也会形成技术上的资源差异
	F4	社会环境	社会中个体对教育资源的诉求，影响着个体对教育资源的选择，推动高等教育组织间的合作

（续表）

类型	编号	影响因素	因素描述
内生因素	F5	资源差	高等教育组织间资源的差异，资源具有不可复制性，优势资源代表着竞争优势
	F6	合作导向	高等教育组织基于资源差异有了合作的意愿，并基于合作目标分析组织外部资源与内部资源的匹配
	F7	合作构建能力	基于合作目标，寻找并分析潜在的合作伙伴；与合作伙伴构建合作关系
	F8	合作协调能力	基于合作目标，协调、调整合作伙伴的资源与关系；提高合作质量
	F9	学习吸收能力	高等教育组织自身学习吸收新知识的能力
	F10	利益分配	合作伙伴之间合理的利益分配影响合作的形成
	F11	信任关系	相信合作伙伴会信守承诺；相信合作伙伴的实力
	F12	信息共享	合作伙伴之间信息交流频繁；能共同解决问题，提供彼此需要的信息
	F13	资源匹配	基于资源基础观，高等教育组织间资源的相互匹配
	F14	资源拓展	基于资源相关观，高等教育组织内非共享资源因合作拓展了其应用范围
	F15	资源创新	基于资源发展观，高等教育组织因合作获取了新知识、新技术等资源的创新
	F16	合作形成	高等教育组织间基于合作目标形成合作关系

1. 构建影响因素的邻接矩阵

构建各影响因素之间的邻接矩阵 $X=(a_{ij})$，其中 a_{ij} 表示影响因素 Fi 对 Fj 的直接影响关系，"0"表示没有直接影响，"1"表示有直接影响。若 $i=j$，$a_{ij}=0$。在现有研究、案例和专家咨询的基础上，构建影响因素之间的邻接矩阵 X 如下。

	F1	F2	F3	F4	F5	F6	F7	F8	F9	F10	F11	F12	F13	F14	F15	F16
F1	0	0	0	0	0	0	0	0	0	0	0	0	0	0	0	1
F2	0	0	0	0	1	1	0	0	0	0	0	0	0	0	0	0
F3	0	0	0	0	1	1	0	0	0	0	0	0	0	0	0	0
F4	0	0	0	0	1	1	0	0	0	0	0	0	0	0	0	0
F5	0	0	0	0	0	1	1	1	0	0	0	0	0	0	0	0
F6	0	0	0	0	1	0	1	1	0	0	0	0	0	0	0	0
F7	0	0	0	0	0	0	0	0	0	1	1	1	0	0	0	0
F8	0	0	0	0	0	0	0	0	0	1	1	1	0	0	0	0
F9	0	0	0	0	0	0	0	0	0	0	0	0	0	1	1	0
F10	0	0	0	0	0	0	0	0	0	0	0	0	1	1	0	0

F11	0	0	0	0	0	0	0	0	0	0	0	0	1	1	0	0
F12	0	0	0	0	0	0	0	0	0	0	0	0	0	1	1	0
F13	0	0	0	0	0	0	0	0	0	0	0	0	0	0	0	1
F14	0	0	0	0	0	0	0	0	0	0	0	0	0	0	0	1
F15	0	0	0	0	0	0	0	0	0	0	0	0	0	0	0	1
F16	0	0	0	0	0	0	0	0	0	0	0	0	0	0	0	0

2. 计算邻接矩阵的可达矩阵

计算邻接矩阵 X 的可达矩阵 R。邻接矩阵 X 加上其同阶的单位矩阵 I 得到矩阵 $X+I$，按布尔运算规则，计算直到 $(X+I)_n = (X+I)_{n+1}$ 为止，$R = X+I_n$。采用 MATLAB 6.5 软件编程计算得出可达矩阵 R 如下。

	F1	F2	F3	F4	F5	F6	F7	F8	F9	F10	F11	F12	F13	F14	F15	F16
F1	1	0	0	0	0	0	0	0	0	0	0	0	0	0	0	1
F2	0	1	0	0	1	1	1	1	0	1	1	1	1	1	1	1
F3	0	0	1	0	1	1	1	1	0	1	1	1	1	1	1	1
F4	0	0	0	1	1	1	1	1	0	1	1	1	1	1	1	1
F5	0	0	0	0	1	1	1	1	0	1	1	1	1	1	1	1
F6	0	0	0	0	0	1	1	1	0	1	1	1	1	1	1	1
F7	0	0	0	0	0	0	1	0	0	1	1	1	1	1	1	1
F8	0	0	0	0	0	0	0	1	0	1	1	1	1	1	1	1
F9	0	0	0	0	0	0	0	0	1	0	0	0	0	1	1	1
F10	0	0	0	0	0	0	0	0	0	1	0	0	1	1	0	1
F11	0	0	0	0	0	0	0	0	0	0	1	0	1	1	0	1
F12	0	0	0	0	0	0	0	0	0	0	0	1	0	1	1	1
F13	0	0	0	0	0	0	0	0	0	0	0	0	1	0	0	1
F14	0	0	0	0	0	0	0	0	0	0	0	0	0	1	0	1
F15	0	0	0	0	0	0	0	0	0	0	0	0	0	0	1	1
F16	0	0	0	0	0	0	0	0	0	0	0	0	0	0	0	1

3. 划分可达矩阵的层级

划分可达矩阵 R 的目的是厘清各因素之间的层次结构，明确影响因素之间的作用路径。层级划分是在可达集并上先行集等于可达集的条件下，即，首先抽取最高级因素，然后将它们从可达集中划去，依此层层抽取，直到划分完毕。根据可达矩阵划分等级，其骨架图见图 4-2。

	F16	F1	F13	F14	F15	F9	F10	F11	F12	F7	F8	F5	F6	F2	F3	F4
F16	1	0	0	0	0	0	0	0	0	0	0	0	0	0	0	0
F1	1	1	0	0	0	0	0	0	0	0	0	0	0	0	0	0
F13	1	0	1	0	0	0	0	0	0	0	0	0	0	0	0	0
F14	1	0	0	1	0	0	0	0	0	0	0	0	0	0	0	0
F15	1	0	0	0	1	0	0	0	0	0	0	0	0	0	0	0
F9	1	0	0	1	1	1	0	0	0	0	0	0	0	0	0	0
F10	1	0	1	1	0	0	1	0	0	0	0	0	0	0	0	0
F11	1	0	0	1	1	0	0	1	0	0	0	0	0	0	0	0
F12	1	0	0	1	1	0	0	0	1	0	0	0	0	0	0	0
F7	1	0	1	1	1	0	1	1	1	1	0	0	0	0	0	0
F8	1	0	1	1	1	1	1	1	1	0	1	0	0	0	0	0
F5	1	0	1	1	1	1	1	1	1	1	1	1	0	0	0	0
F6	1	0	1	1	1	1	1	1	1	1	1	1	1	0	0	0
F2	1	0	1	1	1	1	1	1	1	1	1	1	1	1	0	0
F3	1	0	1	1	1	1	1	1	1	1	1	1	1	0	1	0
F4	1	0	1	1	1	0	1	1	1	1	1	1	1	0	0	1

图 4-2　影响因素的骨架图

4.2.2 合作形成影响因素的作用机理

1. 影响教育组织合作形成的因素

根据影响因素的骨架图横向可知，合作形成的影响因素可分为 5 个层次：

第一层是高等教育组织合作形成的直接因素：教育资源的匹配、教育资源的拓展、教育资源的创新与政策环境。基于资源基础观（resource-based view），教育组织之间的教育资源匹配是教育合作形成的最直接动因。基于资源相关观（resource-related view），教育组织之间的教育资源能拓展其利用范围是教育合作形成的直接原因。基于资源发展观（resource-developed view），教育组织之间的教育资源能不断创新发展也是教育合作形成的直接原因。在我国，政府部门通过政策颁布（计划指令），可直接促成高等教育组织之间的合作。

第二层是高等教育合作形成的中间因素：教育组织自身的学习吸收能力、信任关系、利益分配、信息共享。教育组织的学习吸收能力越强，越有利于其实现自身教育资源的拓展与创新，获取竞争优势。教育组织之间的信息共享度越高，越有利于其拓展相关教育资源的利用范围与新知识的获取与创新，从而实现教育资源的拓展与创新。教育组织之间越信任，越有利于其达成教育资源的匹配和教育资源的拓展。而合理的利益分配关系也有利于教育组织之间达成教育资源的匹配和拓展。

第三层是高等教育合作形成的深层因素：教育组织的合作构建能力与合作协调能力。教育组织的合作构建能力包括教育组织对合作伙伴的选择、关系的发起与调整。教育组织的合作协调能力包括教育组织与合作伙伴之间基于合作模式、合作范围、利益分配等方面的协商与调整。教育组织的这两种能力直接影响着信任关系、信息共享、利益分配等合作关系。

第四层因素是高等教育组织合作形成的根本因素：资源差与合作导向。教育组织之间的资源差是客观存在的，这种资源差表现在有形资源与无形资源的差异，当资源无法满足教育组织的目标时，寻求教育组织之间的合作就成为一种必然，即合作导向。反过来，合作的内外部环境、战略定位等分析又会影响教育组织的资源差。在资源差与合作导向的基础上，教育组织考虑如何构建和协调与合作伙伴之间的关系。

第五层因素是高等教育组织合作形成的外部环境因素：技术环境、经济环境、社会环境。技术的发展与变革，给教育组织的发展提出了更高的要求，而当教育组织无法应对技术变革带来的机遇与挑战时，寻求合作是生存与发展的必经之路；与此同时，技术发展的不均衡也导致了教育组织的资源差。区域经济的发展直接影响着区域教育组织的资源差，而且经济发展的水平也影响着受教育者对教育资源的需求，进而促使教育组织寻求合作资源。社会环境的差异导致教育组织的资源差，同时也推动着教育组织进一步发展与合作。

2. 高等教育组织间合作的形成路径

根据影响因素的骨架图纵向可知，教育组织合作有三条形成路径：

第一条路径是从政策环境到合作形成。这条路径表示的是政策直接促成高等教育组织之间的合作形成。在我国一定范围内存在着这样的合作形成路径，例如北京市属高校与在京中央高校的"双培计划"，由相关政府部门直接指令某高校与某高校在某专业上形成"双方共同培养"，但相关政府部门政策制定的依据是什么呢？这与我们第三条路径有关，即政策制定的基础是资源差。这条路径可以描述为政策支持论。

第二条路径是从学习吸收能力到资源拓展、资源创新，最后到合作形成。这条路径表示的是学习吸收能力强的高等教育组织愿意充分利用自身能力上的优势，获取资源的拓展与创新，形成合作。这条路径可以描述高等教育组织能力决定论。

第三条路径是从外部环境、资源差、合作导向、合作构建能力、合作协调能力、信任关系、利益分配、信息共享、资源匹配、资源拓展、资源创新，最后到合作形成。这条路径表示的是在经济、技术、社会等外部环境的影响和推动下，高等教育组织的资源差产生，同时也有意识去构建和协调与合作伙伴之间的关系，进而达成资源匹配、资源拓展与资源创新的合作目标，从而形成合作。这条路径可以描述为高等教育组织的资源能力的差异导致合作的形成，即能力资源影响论。

综上所述，高等教育组织间合作形成是其在资源匹配、资源拓展、资源创新三个方面达成共识而形成的合作关系。政府的指令性计划在一定范围内直接促成高等教育组织之间的合作形成。教育组织个体的学习吸收能力有利于资源的拓展与创新，从而形成高等教育组织之间的合作。技术、经济、社会等外部宏观环境的变化导致了高等教育组织之间的资源差与合作导向，在教育组织的合作构建与协调能力的作用下，组织间形成良好的关系，达成资源匹配、拓展与创新的共识，最后形成合作。

影响因素的解释结构模型见图 4-3。

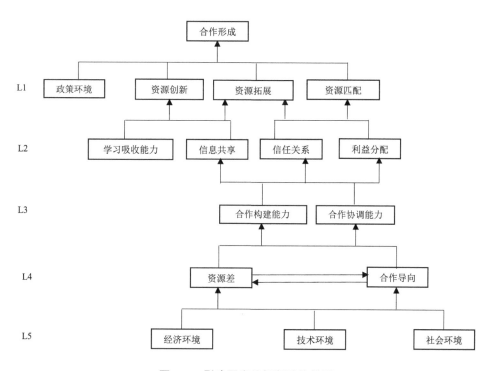

图 4-3　影响因素的解释结构模型

综上，任何一种类型的合作，无论其主导者是政府、组织，还是组织中的个体，在构建合作时，都要明确合作目的，科学评价合作双方的初始状况，厘清各方的合作预期，并发挥组织的沟通、协调能力，才能构建持续而稳定的合作关系，并达成或接近于合作预期。这是不同合作路径的统一性所在。

4.3 基于结构方程的影响因素作用路径的实证研究

4.3.1 假设及模型构建

影响因素对合作形成的影响是一个复杂的过程，结构方程模型是一种建立、估计和检验因果关系模型的方法。由于合作影响因素的测量维度是不可直接观测到的变量或潜变量，传统的统计方法解决不了这个问题；而结构方程模型能包含可观测的显在变量与不可直接观测的潜在变量，能同时处理多个因变量，能检验理论模型与数据是否吻合。影响因素的测量维度（潜变量或不可观测变量）可通过多个题项（观测变量或显在变量）来表征，问卷调查得到的原始数据作为观测变量的数据，运用结构方程模型分析影响因素的作用。本研究结构方程模型运用的是 AMOS 软件。本研究在对合作形成影响因素的层次和影响关系的理论分析的基础上，从影响因素之间的相互关系入手，对合作形成的路径进行研究，也为伙伴选择机制的研究奠定基础。

1. 环境层影响因素假设

环境层主要体现为社会对合作的支持，政府从满足社会发展需要、优化教育资源投入出发，制定鼓励合作的政策，促进教育组织愿意参与合作；政府也可以通过制定政策性要求促成高校教育组织间的合作。

假设 1：环境层对合作的形成有正向的影响。

假设 2：环境层对高等教育组织参与合作有正向的影响。

2. 个体层影响因素假设

个体层反映了组织的资源状况、合作导向、合作可支配的资源、合作的构建能力、协调能力。组织希望通过合作吸收政府和其他组织的能量，从而促进组织的发展。组织的合作意愿需要通过合作关系的建立而实现。

假设 3：个体层对合作的形成有正向的影响。

假设 4：个体层对关系层有正向的影响。

3. 关系层影响因素假设

组织间关系层反映了合作伙伴之间的关系，包括资源匹配、信任关系、彼此间的信息共享和沟通协调等。合作关系的建立有赖于组织双方合作意愿的匹配，并建立彼此的认可、协调等机制，并由此生成合作的利益分配和满足合作各方主体的需求。

假设 5：关系层对收益层有正向的影响。

4. 收益层影响因素假设

合作的收益体现为利益的分配。预期收益体现为组织的整体收益和教育者、受教育者的个体收益。合作各方希望在合作中取得收益；只有存在收益，合作双方才能形成合作。

假设 6：收益层对合作形成有正向的影响。

5. 合作形成的影响因素模型

上述分析及假设构成了影响因素的作用路径模型，见图 4-4。

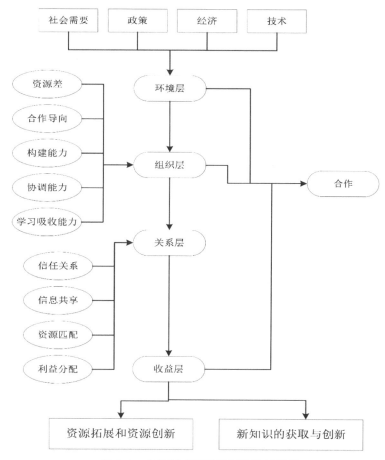

图 4-4　合作形成影响因素路径示意图

4.3.2 问卷的设计和数据整理

本研究涉及的环境因素、组织因素、关系因素、合作收益等数据很难从公开资料中获取，因此采用对高校教师进行问卷调查的方式收集数据，见表 4-2。调查问卷的设计过程同合作需求部分的设计，着重研究不同影响因素对合作形成的影响，详细问卷见附录 C。

表 4-2　影响因素题项描述

	影响因素的描述	编码
环境层	政府制定对院校间合作的政策	D11
	政府为院校间合作提供经费支持	D12
	优化教育资源的投入	C42
	对社会而言，高校参与院校间合作更加符合社会发展需求	C41
	科研成果更好地服务社会	C43
	学校愿意参与教育合作	C1
组织层	制定鼓励合作的政策	D22
	学校匹配参与合作的各类资源	D23
	为参与合作建立专门的机构	D24
	随时关注和了解合作的进展情况	D25
	能够根据合作进展进行政策调整	D26
	能够根据合作进展追加资源	D27
关系层	双方领导对合作项目的重视和支持	D21
	双方合作意愿的匹配度	D31
	相互间的信任	D32
	风险共担的机制	D33
	知识产权归属	D34
	合作双方的组织协调机制	D35
	收益分配机制	D36
	信息共享机制	D37
预期收益层	沟通交流的技术条件发展	D13
	受教育者希望享受更高水平的教育	D14
	受教育者享受更高水平的教育	C44
	民间资本和社会力量的注入	D15
合作形成	请评价一下您在合作中的收获	B44
	您对与其他院校的合作是否满意	B41
	在您参与的合作中，您是否可以清楚地知道合作的目的	B42

调查采用的是网络问卷的调查方式，将调查问卷的网络链接通过 Email、

QQ、微信等联系方式发送给答卷人。网络问卷调查方式的优势体现在数据统计的方便与分析的快捷。

为保证问卷的有效性，调查对象选择了"有参与合作的经历的高校人员"。考虑到学科相近、兼顾学校的主办者、学校的所在区域的原则，主要对综合性大学和理工科院校进行了发布。调查问卷选用半结构化答卷，主要采用李克特五级量表，依次表示：非常认同、比较认同、一般认同、比较不认同和非常不认同。

问卷来自清华大学、北京航空航天大学、大连理工大学、同济大学、西南交通大学、北京工业大学、苏州大学、北京农学院、北方工业大学、北京石油化工学院、北京建筑大学等 31 所高校，有效问卷合计 117 份。样本特征见表 4-3。

表 4-3　调查样本的统计特征

统计变量		比例	统计变量		比例
学校主办者	教育部	39.32%	学校性质	综合类大学	50.43%
	其他部委所属	9.40%		理工院校	41.03%
	省属高校	47.01%		师范院校	0.85%
	其他	4.27%		农林院校	7.69%
学校办学类型	研究型大学	30.77%	学校其他类型	"985"高校	24.78%
	教学研究型大学	64.10%		非"985"的"211"高校	42.74%
	教学型大学	5.13%		非"985"非"211"高校	32.48%
设有研究生院	是	90.60%	教师从业年限	不足 5 年	12.96%
	否	9.40%		5～10 年	24.08%
调查者身份	高校管理人员	53.85%		11～15 年	22.22%
	高校教师	46.15%		16～20 年	18.52%
管理者从事管理的年限	不足 5 年	12.70%		20 年以上	22.22%
	5～10 年	14.29%	教师职称情况	正高级职称	24.08%
	11～15 年	23.81%		副高级职称	44.44%
	16～20 年	14.29%		中级职称	27.78%
	20 年以上	34.91%		中级职称以下	3.70%
教师学历分布	博士研究生	68.52%			
	硕士研究生	31.48%			

数据收集后，采用李克特五级量表进行五个评价等级的量化，见表 4-4。

表 4-4　评价等级量化表

量化值	量化等级	量化等级	量化等级	量化等级	量化等级
5	非常认同	满意	清楚	有很大收获	非常愿意
4	比较认同	比较满意	比较清楚	有较大收获	愿意
3	一般	一般	一般	有一些收获	一般
2	不认同	比较不满意	比较不清楚	没有收获	不愿意
1	非常不认同	非常不满意	非常不清楚	有负面收获	非常不愿意

首先，对合作形成的影响因素测量部分的数据运用 SPSS 软件进行信度和效度检验，以检验测量量表的可靠性与有效性。其次，运用结构方程软件 AMOS 验证合作形成的影响因素之间的关系；最后，对验证结果进行分析，以验证合作形成的路径。

4.3.3 信度检验与效度检验

信度检验采用 Cronbach's Alpha 系数进行信度检验，Alpha 系数为 0.975，信度良好，且无删除选项。

（1）本研究采用的是 Cronbach's Alpha 信度。统计学上当 Cronbach's Alpha 值大于 0.7，且校正的项总计相关性大于 0.4 时，表明量表通过信度检验，且 Cronbach's Alpha 值越大表明一致性越高。若校正的项总计相关性小于 0.4，且题项删除后 Cronbach's Alpha 值变大，表示该题项应予删除。

（2）合作影响因素的信度检验结果。数据表明：各题项的校正的项总计相关性均大于 0.5，处于 0.644 ～ 0.828 之间。根据信度检验标准，影响因素的量表通过信度检验。

4.3.4 结构方程模型验证分析

本研究采用 117 份全样本进行分析，影响因素模型见图 4-1。运用 AMOS 17.0 软件对影响因素模型进行分析，拟合结果见表 4-5。

表 4-5　测量模型最终拟合结果

	RMSEA	PNFI	PGFI	NFI	IFI	CFI
测量模型	0.023	0.721	0.633	0.903	0.994	0.994
评价标准	<0.1	>0.5	>0.5	>0.9	>0.9	>0.9

4.3.5 假设检验

合作形成影响因素模型的路径系数见图 4-5，根据路径系数和 P 值可以判定结果参数是否通过检验，说明内生变量和外生变量之间的关系是否相关。表 4-6 给出了相关的综合结果。

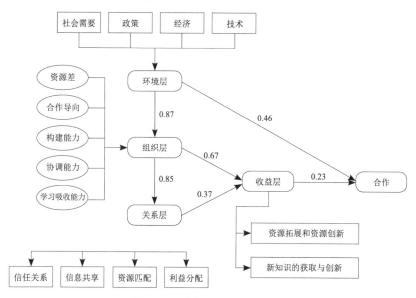

图 4-5 影响因素路径系数图

表 4-6 路径系数表

假设路径	标准化路径系数	P	检验结果
环境→合作	0.46	0.014	支持
环境→组织	0.87	***	支持
组织→关系	0.85	***	支持
关系→预期收益	0.37	0.002	支持
组织→收益	0.67	***	支持
预期收益→合作	0.23	0.035	支持

4.3.6 结果分析

通过影响因素对高等教育组织间合作影响的路径分析，对各假设进行了验证，结果表明：假设 H1、H2、H3、H4、H5、H6 均成立。也就是说，环境层、收益层都对合作的形成有直接的影响。其中，环境层对合作的影响最为显著，路径系数为 0.46；组织层、关系层和收益层在合作的形成中起到了中介的作用，其中组织层的影响最为显著，路径系数为 0.87，其次为关系层（路径系数为 0.85）。组织与收益之间的路径略低，路径系数为 0.67；收益对合作形成影响最低，路径系数为 0.23。环境层、组织层、关系层、收益层直接的相互关系对合作形成的影响路径表现为三条路径：一是从环境层可以直接形成合作；二是环境层影响因素→组织层影响因素→关系层影响因素→预期收益层影响因素→合作形成；三是组织层影响因素→预期收益层影响因素→合作形成。

（1）环境层影响因素是合作形成的最直接、最关键的因素。高等教育组织作为一种社会组织，其行为要符合社会的要求、接受社会的约束。环境主导了高等教育组织间合作，政策、经济、技术、政治既可以成为组织间合作的推动力，也可以成为组织间合作的约束条件。

（2）收益层影响因素是组织间合作的次直接因素。组织和组织中的个体出于发展的需求，希望通过寻求互补性资源促进自身发展。

（3）组织层和关系层是合作形成的基础。组织的主动性是合作形成的前提；组织间具有的良好的信任、沟通、承诺对合作形成有着促进的作用。

4.4 本章小结

从高等教育组织的初始状态和各主体预期收益的视角，考虑环境、组织、组织间关系和组织内个体 4 个维度，提炼总结了 18 项影响因素；采用解释结构模型分析了影响因素之间的关系和作用路径，归纳了教育组织间"五层次三路径"的形成机理，实证验证了不同合作主导者和不同资源差的高等教育组织形成合作应选取的合作形成路径。

从横向看，合作的影响因素分为五层。第一层是高等教育组织合作形成的直接因素：教育资源的匹配、教育资源的拓展、教育资源的创新与政策环境。第二层是高等教育合作形成的中间因素：教育组织自身的学习吸收能力、信任关系、利益分配、信息共享。第三层是高等教育合作形成的深层因素：

教育组织的合作构建能力与合作协调能力。第四层是高等教育组织合作形成的根本因素：资源差与合作导向。第五层是高等教育组织合作形成的外部环境因素：技术环境、经济环境、社会环境。

从纵向看，教育组织间合作形成的三条路径包括：一是政府主导型，从政策环境到合作形成；二是个体自发型，学习吸收能力→资源拓展→资源创新→合作形成；三是组织间协调型，外部环境→资源差与合作导向→合作构建与协调→合作关系→资源匹配、拓展与创新→合作形成。

运用结构方程的实证结果是：环境层影响因素是合作形成的最直接、最关键的因素，收益层是组织间合作的次直接因素，组织层和关系层是合作形成的基础，环境层与关系层、收益层没有直接作用关系。在合作形成的三条路径中，政府主导型是最主要的形成路径，其次是组织间协调型，个体主导型合作的优先级最低。

需要特别指出的是，任何一种类型的合作，无论其主导者是政府、组织，还是组织中的个体，在构建合作时，都要在环境支持的前提下，科学评价合作双方的组织资源、能力、组织间关系，明确各方的预期收益，发挥组织的沟通、协调能力，才能构建持续而稳定的合作关系。这是不同路径合作形成的统一性所在。

第 5 章　基于组织生态理论的
合作伙伴选择机制

　　高等教育组织间合作的问题表现为"合作各方的实际收获与合作预期存在差异"。前文基于高等教育组织的多样性和统一性的本质属性，从资源供给和合作主体的不同需求分析了合作形成的动因；从组织层、收益层、关系层和环境层四个维度对合作形成的影响因素进行了分析，得出了形成合作的三个路径及其作用机理。本章将从组织生态理论出发，在合作存在问题的分析和合作形成路径研究的基础上，辨别不同高等教育组织所处的生态群落和生态位，并从满足合作需求和资源互补的要求，提出并验证高等教育组织间合作中伙伴选择的机制。

5.1 理论分析

5.1.1 组织生态理论

　　组织生态学是在组织种群生态理论基础之上发展起来的新兴交叉学科。主要借鉴生物学、生态学、社会学等学科的知识，结合产业经济学和新制度经济学等学科的理论，来研究组织个体的发展，以及组织与组织之间、组织与环境之间的相互关系。

　　组织种群生态理论是迈克尔·哈南和约翰·弗里曼在 1977 年提出的，主要探讨的是组织种群的创造、成长以及死亡的过程及其与环境转变的关系。它以达尔文的生物进化论为基本思想，将"物竞天择，适者生存"作为基本理念来探讨自然选择理论在组织研究领域的运用[130]。

组织生态理论认为，迅速变化的环境是决定组织群中某些组织生存或者失败的关键；当环境发生迅速的转变时，旧的组织容易失败和被淘汰，新形式的组织就会被创造出来以此来适应环境的变化和发展[131]。根据自然选择的法则，种群生态组织的生存和发展过程大体分为三个阶段：变种、选择和保存。组织只有满足环境的要求才能够生存和发展下去，组织通过变种、选择和保存来实现自身的进化过程，进化的结果就是新的组织在组织种群中的确立[132]。其主要理论观点包括三个方面，分别是组织设立理论、组织成长理论和组织死亡理论。

由组织的生存和发展过程可以看出，环境是组织成功和失败的重要决定性因素。本书所研究的高等教育组织间合作形成的问题，主要涉及组织设立和成长理论。如前对高等教育组织间合作形成的影响因素和作用机理的探讨，在形成高等教育组织之间的合作的过程中，最直接、最关键的因素是环境层的影响，政策、经济、社会、技术条件都影响着组织间合作的形成；环境也可以通过制定政策和保障措施，推动合作的实施。

5.1.2 生态位的内涵

任何组织都必须依赖外部环境所提供的资源条件而生存，不同种群之间、不同组织之间，生存和发展对资源的需要可能相同、部分相同或者完全不同；在不同的种群之间以及种群内部的组织之间，会出现不同程度的资源竞争，也会主动寻求互补性资源，亦即为了谋求生存和发展来尝试改变当前组织对资源的占用状态。

生态位是指种群可以在其中生存和自行复制的所有资源相互结合而构成的，来具体描述一个种群和其他所有种群不存在竞争的特定资源空间。两个及两个以上的不同种群之间或者种群内部不同组织之间对相同资源集合的竞争状态，称为"生态位的重叠"。以种群之间的竞争为例，多个种群之间是无法在同一个生态位中均衡共存的，由于生态位资源的有限性，种群之间总是在相互排斥，这就是"竞争排斥"。通过竞争排斥，一个种群内部的组织数量也在发生相应的改变。由于环境资源的有限性，种群内部的组织也会以不同的方式展开资源的竞争过程，就会产生组织的进入或退出状况，种群的组织规模也会随着组织的进入或退出而增大、缩小或者保持不变[133]。

在组织设立的过程中，生态种群和生态位之间的关系体现为生态位重叠密度。重叠密度是指在特定的资源集合体中，一个组织的生态位与组织种群中其他组织的生态位相互交错的程度。非重叠密度是组织种群中未交替密度的集合。研究表明，组织生态位重叠密度（overlap density）与组织设立率负相关，非重叠密度（nonoverlap density）与组织设立率正相关。组织生态位重叠密度和非重叠密度直接影响着组织设立的可能性和成功率。在拥挤的组织生态位内设立组织比在宽松的组织生态位内设立组织具有更小的成功率，因为高的组织生态位重叠密度意味着对资源的竞争更加激烈。组织种群中非重叠强度与组织设立率正相关。非重叠强度指组织种群潜在竞争者成员中组织生态位不重叠的数量与组织生态位重叠数量的比率。组织生态位的非重叠强度低（差异程度低）意味着组织之间使用更多的共同资源，因而竞争程度高。高的非重叠强度（高的组织生态位差异）会降低竞争的潜势，增强合作的可能性，因而有利于促进组织的设立[134]。

5.1.3 高等教育组织的生态系统

根据组织生态理论，在一定时空范围内，每个组织都致力于找到适合自己生存发展的生态位，因此不同组织种群的组织之间、组织与环境之间就产生了复杂的有机联系，形成了以资源供应链为基础的多层次生态系统。高等教育组织合作，亦体现为不同类型的高校在一定的空间范围内形成相应的生态群落。

根据组织种群生态理论及组织生态学中的组织设立理论，我们可以探究高等教育组织群落形成机制，即不同教育组织之间的合作与竞争机制。

第一，高等教育组织的本质属性与生态系统的本质属性相同，可以借用组织生态理论的生成理论研究高等教育组织间合作的形成。高等教育组织是多样性和统一性的矛盾统一体。首先，高等教育组织具有统一性。随着历史变迁，高等教育组织形式不断变化，但是其追求、传播真理和创造、传播知识的目标从未改变。这也是所有高等教育组织的追求和目标。高等教育组织的统一性决定了高等教育组织之间具有相似性，这是不同的高等教育组织进入同一组织群落的基础。其次，高等教育组织具有多样性。无论是宏观的组织文化、使命愿景，还是中观的体制机制、组织职能、办学模式、学科体系、课程体系，还有微观的成员结构、教学内容、教学方法、科学研究，等等，都具有多样性，也构成了高等教育多姿多彩的生态系统特质。最后，高等教育组织是多样性和统一性的矛盾统一体。生态系统的魅力在于其多样性与统一性的统一，高等教育亦如此。由于二者本质属性的统一，可以借用组织生态学中的组织设立理论，研究高等教育组织间合作形成中的伙伴选择问题。

第二，高等教育组织间合作的生态内涵。高等教育组织的共同追求决定了高等教育以合作为主的组织间关系，也是高等教育组织之间建立合作伙伴关系的基础；高等教育组织的多样性决定了组织间存在差异，差异性越高，高等教育组织群落中的组织之间的非重叠密度越高，高等教育组织之间生态位交错的程度越低，组织之间需要使用的共同资源越少，则高等教育组织之间的竞争性就越小，增强合作的可能性越大。因此，不同高校教育组织之间存在的统一性与相似性、多样性与差异性，为寻求互补性资源和建立合作关系奠定了基础。不同组织所处生态位的不同、组织资源的相似性和差异性为合作伙伴的选择提供了依据。

第三，组织资源供给与发展需求不匹配，高等教育组织是以资源供应链为基础的多层次系统，组织之间具有相似性，这是不同的高等教育组织进入同一组织群落的基础。同时，由于高等教育组织资源多源而复杂，资源供给与发展需求存在不匹配现象，由于资源的有限性，不同高等教育组织为了寻求自身的生存与发展的生态位，势必会存在相互竞争与排斥的关系。但是高等教育组织具有知识的非独占性，使组织间具有有限竞争和有限排他的特征，使得组织间的合作可以远强于竞争，能够在同一个组织群落里共生共存并开展合作。

第四，高等教育组织具有主观能动性和系统开放性促进了生态群落间互补性资源的交换。根据组织种群生态理论的假设，单个组织结构具有一定的惰性，当组织生存环境及竞争条件发生改变时，旧的组织如果保持现有的结构状态不改变就会被淘汰，只有进行新变革顺应环境的变化与发展才有可能使组织得以保存。高校组织具有主观能动和系统开放的特点，各主体自身也都具有获取和创造新知识的能力，在适应环境、调整自身结构行为关系等方面具有能动性。各个高校组织能够主动适应外部环境的变化，并从同质或异质型组织中获取新知识和能力。这一特性影响着各高校组织之间的合作，只有对社会及时代的变化作出敏锐的反应，不断相互借鉴和吸收以此实现自身的变革和发展，那么这样各高校组织之间才会更倾向于合作，实现互补与进步。

第五，根据组织设立理论中的组织设立的制度化过程我们可以看出，制度关系所提供的资源、合法性、社会支持等因素对组织的设立具有重要的影响。高等教育组织具有资源依赖的特性，受到社会、政治、经济、文化、技术的影响较为明显。社会和社会个体对社会公平以及享受高质量高等教育的需求，社会经济政策的保障和经济投入，社会政策为组织之间的资源合理流动提供导向，交通、信息、通信、网络等技术的快速发展，拉近了人与人、组织与组织之间的时空距离；这些外部的条件和社会支持都为高校教育组织间的合作提供了更多的保证。

5.1.4 伙伴选择机制

高等教育组织是以资源链为基础的多层次生态系统，其伙伴选择中，既要遵从一般性伙伴选择的基本原则，比如，伙伴之间的相互信任、彼此承诺、信息共享、合理的利益分配等，也要从资源的角度寻找恰当的生态位的合作伙伴。

针对合作关系的理论分析，资源依赖理论认为组织资源独特性构成组织的利益链，组织在寻求合作伙伴的时候也基本是在这些利益群体中产生，而不会与一个对自己没有任何益处的组织合作。影响组织合作对象选择的主要因素有资源的唯一性、专业性、合作意愿、合作能力和合作的便利性[67]。基

于上述理解，在高等教育组织间合作的伙伴选择中，要考虑组织的相似度和
资源的互补性。生态位的距离越接近，伙伴的相似程度越高；生态位距离越
远，资源互补性越强。

5.2 算法及实证分析

5.2.1 组织生态理论下的伙伴选择算法综述

1958 年，Hutc Wnson 从空间和资源利用方面提出了生态位的概念，认为
生态位是组织机构对各环境变量的选择范围。这一概念奠定了现代生态位研
究基础。在此基础上，提出了生态位的超体积概念，认为生态位可以进行数
学抽象，生态位是位于 n 维资源空间中的超体积。

1. 生态位宽度

生态位宽度的测度最早是由 R. Levins 提出来的，他将生态位宽度确定为
"任何生态位轴上所包含该变量的所有确定为可见值的点组成的长度"。Levins
提出了两个计测公式：

（1）Shannon-Wiener 指数。

Shannon-Wiener 指数是用来衡量一个生态系统中物种的多样性的指标，
其计算公式为

$$B = -\sum_{i=1}^{s} p_{ij} \ln p_{ij}, B \in [0, \ln s]$$

式中：p_{ij} 指物种 i 对第 j 个资源位的利用占全部资源利用的比率，或者是
物种 i 在第 j 个资源状态的分布比例量（个体数、生物量、重要值等），且有：

$$\sum_{j=1}^{s} p_{ij} = 1$$

式中：s 指的是资源位数。

（2）Simpson 指数。

Simpson 指数（Simpson，1949）是描述从种群中第二次抽取到的个体与
第一次抽取到的个体是相同物种的概率的物种多样性（species diversity）指
数。Levins 应用 Simpson 指数测度种群个体在资源位之间的分布，即资源利

用的宽度，作为生态位宽度的指标：

$$B = 1 / \sum P_{ij}^2 = \sum N_{ij}^2 / N_T^2, B \in [1, s]$$

式中：N_{ij} 表示物种 i 第 j 个资源位中的个体数；N_T 表示总资源位中的个体总数。

2. 生态位重叠

生态位重叠的测定尚未有成熟的方法，现在一般用相似性测定来近似地代替生态位重叠的测度。

Schoener 首先利用相似性百分率（percentage of similarity）测度两个物种之间资源利用按比例的重叠和生态位重叠。该公式的简式是 Whittaker 等 1952 年提出来的，它表示群落或取样的相似性指数。其公式为

$$PS_{ij} = 1 - 0.5 \sum \left| P_{ih} - P_{jh} \right| = \sum_{\min} (P_{ih} - P_{jh})$$

式中：P_{ih} 表示在资源位 h 种物种 i 的比例，或物种 i 对 h 资源位利用占它全部资源利用的频度；P_{jh} 表示在相同资源位中物种 j 的比例。

Levins 在提出生态位宽度测度式的同时，也提出了采用竞争系数 a 的形式来作为物种的生态位重叠值的测度。如果考虑物种 i 和 j 对资源状态 k 的利用率分别是 P_{ik} 和 P_{jk}，而可将资源位划分为 S，则物种 i 和 j 的生态位重叠可表示为

$$O_{ij} = \sum_{k=1}^{S} P_{ik} \cdot P_{jk} / \sum_{k=1}^{S} P_{ik}^2$$

$$\text{或} \, O_{ij} = \sum_{k=1}^{S} P_{ik} \cdot P_{jk} \cdot B_i$$

式中：B_i 表示物种 i 的生态位宽度。

用此方法应用于一系列异质环境的取样有不妥之处，因为分布的均一程度将受到自然因素或其他方面的影响。尤其在学校这种特殊的组织机构中，由于各个资源位的获取难度、单位量度、资源之间内部关联程度及资源对于机构的重要程度均不相同，尤其存在某些资源参数无法获取或获取内容过于片面，需要在各个资源位的计算考量中加入对于其权重的参考。例如学校中，生源质量这一资源位，其存在许多相关子资源位；按现有方法计算，过多的子资源位的内部关联性以及过多的资源位会使生源质量这一资源位对最终结

果的影响远大于实际情况。可见，直接选用现有方法所计算出的各个学校机
构之间的生态位重叠结果与实际结果会存在较大出入。

生态群落的相似度判断可采用机器学习中的聚类算法实现。聚类是一种
无监督学习方法，给出一组数据点，使用聚类算法将每个数据点分到特定的
类中，使得类内数据点差异小，类间数据点差异大。本书采用 K-means 算法
进行聚类，该算法需要事先指定分类数目，这对于高维度数据集是个很大的
挑战，为解决该问题，书中采用主成分分析法对高维数据集进行降维，进而
对数据集进行可视化，以确定分类数目。

5.2.2 基于聚类算法的伙伴选择算法

1.K-means 算法简述

K-means 算法是典型的基于距离的聚类算法，采用欧氏距离作为相似性
的评价指标，即两个对象的距离越近，表示相似性越大，其根本目的是最小
化平方误差函数，如下：

$$E=\sum_{i=1}^{k}\sum_{x\in C_i}\|x-\mu_i\|_2^2$$

式中：k 表示聚类个数，x 表示样本，C_i 表示第 i 类，u_i 表示 C_i 类的均值。
该算法的基本步骤如下：

（1）随机选择（或指定）k 个样本作为初始均值向量（质心）；

（2）将数据集中的样本按照距离质心的远近分到各个类；

（3）将各个类中的数据计算平均值，作为新的质心，重复第二步，直到
所有类中的样本不再改变。

K-means 算法快速、简单，时间复杂度近于线性，使用范围广。

2. 主成分分析法简述

主成分分析法（principle component analysis，PCA）是常用的降维方法，
其基本思想是将具有一定相关性的特征 $\{x_1, x_2, x_3, \cdots, x_p\}$ 重新组合成一
组互不相关的综合特征 $\{f_1, f_2, f_3, \cdots, f_m\}$，其中，$m \leqslant p$，$f_1, f_2, f_3, \cdots,$
f_m 依次表示原特征的第 1 个、第 2 个、第 3 个……第 m 个线性组合所形成的

主成分，每个主成分所提取的信息量可用其方差度量，其方差越大，表示包含的信息越多。常常希望第一主成分 f_1 所含的信息量最大，因此在所有的线性组合中选取 f_1 的应该是 x_1，x_2，x_3，$\cdots$，x_p 的所有线性组合中方差最大的，故称 f_1 为第一主成分。如果第一主成分不足以代表原来 p 个指标的信息，再考虑选取第二个主成分 f_2、第三主成分 f_3 等。其具体计算步骤如下：

（1）计算协方差矩阵

计算样本数据的协方差矩阵：$\boldsymbol{C} = \left(c_{ij}\right)_{p \times p}$，

式中：$c_{ij} = \dfrac{1}{n-1}\sum\limits_{t=1}^{n}(x_{ti} - \overline{x_i})(x_{tj} - \overline{x_j})$，$n$ 表示样本数，i，j =1，2，$\cdots$，p。

（2）求出 $\boldsymbol{C}$ 的特征值及相应的正交化单位特征向量 a_i

$\boldsymbol{C}$ 的前 m 个较大的特征值 λ_1，$\cdots$，λ_2，$\cdots$，$\lambda_m > 0$，就是前 m 个主成分对应的方差，对应的单位特征向量就是综合特征的关于原特征的系数，则原变量的第 i 个主成分为

$$f_i = a_i^{\mathrm{T}} X$$

（3）选择主成分

主成分的方差（信息）贡献率用来反映信息量的大小，α_i 为

$$\alpha_i = \lambda i \Big/ \sum_{i=1}^{p} \lambda i$$

最终要选择几个主成分，即 f_1，f_2，f_3，$\cdots$，f_m 中 m 的确定是通过方差（信息）累计贡献率 G（m）来确定。

一般认为当累积贡献率大于 85% 时，就能足够反映原来变量的信息，对应的 m 就是抽取的前 m 个主成分。

（4）计算主成分得分

计算样本在 m 个主成分上的得分：

$$\begin{bmatrix} a_{11} & a_{12} & \cdots & a_{1(p-1)} & a_{1p} \\ a_{21} & a_{21} & \cdots & a_{2(p-1)} & a_{2p} \\ \vdots & \vdots & & \vdots & \vdots \\ a_{m1} & a_{m2} & \cdots & a_{m(p-1)} & a_{mp} \end{bmatrix} \begin{bmatrix} x_1 \\ x_2 \\ \vdots \\ x_{p-1} \\ x_p \end{bmatrix} = \begin{bmatrix} f_1 \\ f_2 \\ \vdots \\ f_{m-1} \\ f_m \end{bmatrix}$$

3. 基于 K-means 的高校组织分类

由上可知，基于 K-means 算法的高校组织分类的计算框架见图 5-1。

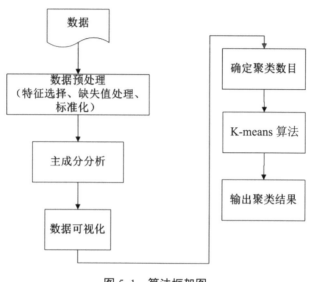

图 5-1　算法框架图

5.2.3 算法验证

1. 数据收集

为了验证上述算法，考虑了数据的可得性、可测性、可信性和连续性，我们搜集了 65 所高校 2016 年的教育统计数据，具体包括"学校类型清单""学生人数情况""教师整体情况""专任教师职称情况""专任教师学历情况""物力资源情况""资产配置情况""学生培养情况"8 类，作为基础数据进行计算和验证。考虑到高校办学实力对于资源获取和配置等的影响，补充了部分高校办学实力的数据，包括学校本科专业数、硕士学位授权一级学科点、硕士学位授权二级学科点、博士学位授权一级学科点、博士学位授权二级学科点、博士后科研流动站、国家重点学科（一级）、国家重点学科（二级）、国家重点学科（培育）、省部级重点学科（一级）、省部级重点学科（二级）、国家实验室、国家重点实验室、国家工程实验室、国家工程研究中心、中国科学院院士、中国工程院院士、国家级人才项目入选者、国家级人才项目获得者、专任教师中有海外（境外）经历等。

综上，共搜集了 11 个大类 57 维数据，通过聚类算法求生态群落分布情况和生态位的距离。

2. 数据标准化处理

在选择的 57 维特征中，各个维度的统计单位和数量级存在很大的差异，例如学科点和固定资产值两者之间差异就很大，因此必须将数据进行标准化，降低高数据量特征对算法的影响。

3. 主成分分析及可视化

对标准化数据集进行主成分分析，主成分信息贡献率，见表 5-1。

表 5-1　主成分贡献率

主成分顺序	主成分贡献率	主成分累计贡献率
1	0.46	0.46
2	0.16	0.62
3	0.07	0.68
4	0.05	0.73
5	0.04	0.77
6	0.03	0.80
7	0.02	0.82
8	0.02	0.85
9	0.02	0.87
10	0.02	0.88
11	0.02	0.90
12	0.01	0.91
13	0.01	0.93
14	0.01	0.94
15	0.01	0.95

在保持原特征 95% 的信息前提下，可将原 57 个特征降维到 15 个特征。同时，在保持原特征 60% 信息的前提下，可降低到二维，此时进行可视化，见图 5-2。

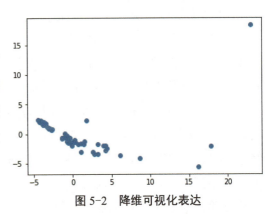

图 5-2　降维可视化表达

4. 确定聚类数目及聚类计算结果

确定聚类数目（用 K 表示）是 K-means 算法的关键，K 值的选定对聚类结果有直接的影响。结合本数据集的特点，可参考学校类型清单中的办学类型（值域：大学、学院、独立学院）确定 K 值（$K=3$），或者参考学校的主办者确定 K 值（将值域合并为教育部、其他部委、省级教育部门、省级其他部门、民办，即 $K=5$），同理可参考高校性质类别、985 工程院校、211 工程院校确定 K 值。这样的方法具有一定合理性，但是也对聚类结果渗透了一定的"经验"，为了尽可能避免该问题，本书采用主成分分析法（简称 PCA）对样本进行降维可视化，以确定 K 值。通过图 5-2 发现，可尝试聚类数目 $K=6$。

利用原始数据集的 57 维特征对 65 所高校进行聚类。该 K 值（$K=6$）相对较小，对于不同的随机质心，聚类结果会不同，因此，实验中进行 200 次的迭代，选取使代价函数 E 最小的聚类情况。聚类结果如表 5-2 所示。

表 5-2　聚类计算结果

聚类号	高校编号	数量
0	100061	1
1	100002、100004、100005、100006、100007、100008、100018、100024、100025、100048	10
2	100009、100010、100011、100013、100015、100020、100021、100022、100023、100027、100029、100030、100031、100032、100034、100036、100038、100046、100047、100050、100051、100052、100053、100054、100055	25
3	100062、100063、100064、100065、100066	5
4	100001、100003	2
5	100012、100014、100016、100019、100026、100028、100033、100035、100037、100039、100040、100041、100042、100043、100044、100045、100049、100056、100057、100058、100059、100060	22

5. 聚类结果可视化

上文通过主成分分析法将原始数据集降到二维进行可视化，以直观的效果确定聚类数目，本小节首先基于 PCA 降至二维的特征进行聚类（$K=6$），然后和上一节的聚类结果进行对比，阐明可以通过二维的可视化表达基于 57 维特征的聚类结果。表 5-3 是对比结果。

表 5-3　聚类计算结果比较

基于原始 57 维特征的聚类类号	基于 PCA 降至二维特征的聚类类号	对应的高校编号
0	3	100061
1	0	100002、100004、100005、100006、100007、100008、100018、100024、100025、100048
2	1	100009、100011、100015、100021、100022、100027、100029、100034、100036、100038、100047、100050、100051、100055
	2	100010、100013、100020、100023、100030、100031、100032、100046、100052、100053、100054
4	4	100001、100003
3	5	100062、100063、100064、100065、100066
5		100012、100014、100016、100019、100026、100028、100033、100035、100037、100039、100040、100041、100042、100043、100044、100045、100049、100056、100057、100058、100059、100060

通过表 5-3 可以发现，降维后的聚类结果将原始特征聚类结果的 2 号类细分为两个类号，分别是"1"和"2"号类；同时，将原始特征聚类的"3"和"5"号类合并为一个类；但是由于"3"号类仅有 5 个高校，占比 18.5%，因此，可以用降维后的聚类结果近似可视化基于原始 57 维特征的聚类结果，所得的生态群落分布图见图 5-3。

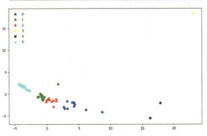

图 5-3　生态群落分布图

5.2.4 结果分析

为了进一步验证算法的正确性，本书统计了 2015 年度和 2016 年度某高校（下称样本高校）学生交换培养的合作院校及专业数，并计算了和各个高校的欧氏距离，结合聚类结果，得出组织间生态位的距离，见表 5-4。

表 5-4　生态位距离

高校编号	欧氏距离（差异性）	合作专业数	是否同一聚类
100010	6.76	1	否
100032	7.10	2	否
100036	10.19	2	否
100001	17.36	2	否
100003	19.21	11	否
100025	4.90	0	是
100048	6.34	2	是
100004	6.38	1	是
100024	7.45	0	是
100018	7.55	2	是
100002	7.75	1	是
100008	7.96	3	是
100007	10.54	4	是
100006	10.63	11	是

上述数据表明，和样本高校属于同一个聚类的 9 所高校中，有 7 所高校均存在合作，且生态位距离正相关：即生态位距离越大，合作的专业越多。同一聚类的高校中未开展合作的两所高校均为师范类院校，而样本高校属于工科院校，两校之间专业设置的差异较大，目前还没有学生培养方面的互派合作。

和样本高校存在合作但不属于同一个聚类的高校中，有 3 所高校属于同一聚类。通过对高校间欧氏距离的统计得知，平均距离是 9.25，最小距离是 1.34，最大距离是 34.12，样本高校和这三所高校的距离大致等于平均距离。

5.3 本章小结

高等教育组织是多样性和统一性的矛盾统一体，具有主体多元性、需求多样性、自我调节性、系统开放性和环境依赖性的特征，组织从缓解资源稀缺、提升组织及其内部要素的能力出发，希望开展组织间的合作；外部系统出于社会需求和获得更多的经济效益，通过资源共享的方式推动组织间开展合作，还会通过制定和实施教育合作政策来促进高等教育组织间开展合作；不同的组织存在资源差异、不同主体存在发展诉求的差异，直接影响了合作伙伴的选择。

高等教育组织的本质属性与生态系统的多样性和统一性的基本属性一致，故借用组织生态理论对伙伴选择问题进行研究。高等教育组织是以资源供应链为基础的多层次生态系统，其产出具有有限竞争性和有限排他性，组织间的合作远大于竞争。组织间的合作，即为生态系统中的结群，表现为在同一生态群落里共存共生并开展合作。在伙伴选择中要考虑组织的相似度和资源的互补性。生态位的距离越接近，伙伴的相似程度越高；生态位距离越远，资源互补性越强。

基于上述分析，兼顾算法的可行性和数据的可得性、可测性、可比性，提出了采用主成分分析法和 K-means 算法求得高校生态群落分布图的算法。搜集了 65 所高等学校的资源数据，建立了涵盖人力、物力、财力等三大类指标，得出了这 65 所高校生态群落分布图，组织在生态群落分布图中的点位即为组织的生态位；通过生态群落和生态位间距进行伙伴选择。选取某校学生交换培养的数据进行了验证。结果表明，以统计数据为基础的生态群落分布图反映了组织间的相似性和差异性，依次求得的生态距离可以作为伙伴选择的依据。

结论及建议

本书从高等教育组织的本质属性和组织特征出发，主要研究了高等教育组织间合作的动因、形成的影响因素和路径，以及伙伴选择机制，具体结论如下。

（1）研究验证了当前高等教育组织间合作中存在合作主体的实际收获与合作预期相偏离的现象，发现了各方合作预期与高等教育育人功能存在一定程度的偏离，各方均有不同程度的功利化趋势。

高等教育组织是多样性和统一性的矛盾统一体，其核心目标是以知识的传承、获取、传播为链条，教人以"不惑、不忧、不惧"。尽管合作呈现出了多样化的形式、内容、方式，但始终要围绕此目标展开。通过对 31 所高校 219 份问卷调查的结果分析发现：教育组织对合作的需求依次为学校声誉、教学、管理、科研、学生就业；学生对就业和深造的关注明显高于其他收获；教师对合作的需求首先是科研收获，其次才是教学能力的提升。不同主体对合作需求的差异是高等教育组织多样性的具体呈现，但现行评价体系引发了教师对科研的投入大于教学投入；社会环境的功利化引发了学生更关注毕业去向而非学业收获。因此，虽然高校坚持育人为本，但实际上，无论是教育组织，还是教师，都出现了不同程度的目标偏离。这是造成高等教育组织合作中不同主体之间存在明显差异的根本原因。

在资源供给状况方面，2007 年到 2016 年全国高等教育事业统计数据和 2016 年分省数据的统计表明：大众化教育的背景下，我国高校生均资源呈下降趋势，各地资源分布亦不均衡，师资规模呈现了结构化差异，需通过寻找互补性资源来改善。

在合作需求方面，问卷调查显示，政府、教育组织、教育者和受教育者所具有的主观意识，使各方都有较为明确的合作需求。在合作构建时，既要在合作初期综合考虑教育组织、教育者和受教育者的不同合作预期，也要坚持"育人"这一根本目标。

由上可知，高等教育组织间合作的动因是：从环境层面看，为满足社会发展、获得更多的经济效益和促进教育公平，政府通过资源共享的方式推动合作，也会通过政策和制度来推动合作；从组织层面看，组织从获取互补性资源、促进组织能力提升和满足组织内个体需求出发，希望开展合作；从个体层面看，组织内个体希望参与合作提升个体竞争力。

（2）总结提炼了高等教育组织间合作形成的影响因素，归纳并验证了教育组织间合作"五层次三路径"的形成机理，提出组织间合作的关键因素是环境层影响因素，形成教育合作的主要路径是通过环境层构建或推动合作。

从各主体需求和高等教育组织实际状况的视角，考虑环境、组织、组织间关系和组织内个体4个维度，提炼总结了15项影响因素。采用解释结构模型分析了影响因素之间的关系和作用路径，归纳了教育组织间"五层次三路径"的形成机理。教育组织间合作形成的三条路径包括：一是政府主导型，从政策环境到合作形成；二是个体主导型，学习吸收能力→资源拓展→资源创新→合作形成；三是组织间协调型，外部环境→资源差与合作导向→合作构建与协调→合作关系→资源匹配、拓展与创新→合作形成。运用结构方程实证了环境层影响因素是合作形成的最直接、最关键的因素，预期收益层是组织间合作的次直接因素，组织层和关系层是合作形成的基础，环境层与关系层、收益层没有直接作用关系。三条路径中，优先级依次为政府主导型、组织间协调型、个体主导型。

（3）归纳了以资源供应链为基础、兼顾组织的相似度和资源的互补性的伙伴选择机制，提出了依据教育统计数据划分生态群落和确定教育组织生态位的算法，并进行了伙伴选择的实证检验。

高等教育组织是以资源供应链为基础的多层次生态系统，其产出具有有限竞争性和有限排他性，组织间的合作远大于竞争。组织间的合作，即为生态系统中的结群，表现为在同一生态群落里共存共生并开展合作。在伙伴选择中要考虑组织的相似度和资源的互补性。生态位的距离越接近，伙伴的相似程度越高；生态位距离越远，资源互补性越强。基于上述分析提出采用主成分分析法和 K-means 算法求得高校生态群落分布图的算法；搜集了 65 所高等学校的资源数据；建立了涵盖人力、物力、财力等三大类指标，得出了高校生态群落分布图，组织在生态群落分布图中的点位即为组织的生态位；通过生态群落和生态位间距进行伙伴选择。选取某校学生交换培养的数据进行了验证。

基于研究结论，对高等教育组织间合作的构建，给出了如下建议：第一，高等教育组织间合作要坚持"育人"这一根本目标。高等教育的核心目标是培养有高贵品格、独立人格和科学精神的社会人。合作中要考虑环境对高等教育组织及其个体的需求，既为合作的形成获得支持，也为合作的持续性及合作目标的达成奠定基础。第二，在合作构建时，要从两方面考虑。一是要客观评价组织和合作伙伴的资源和能力状况，考察双方合作意愿的强烈程度、资源的互补性和合作的构建协调能力。二是要综合考虑社会、高等教育组织之间、教育者和受教育者的不同预期。既要寻找一致性，也要分析差异性，从而明确合作的目的、合作路径。第三，从合作伙伴选择来看，无论是政府主导型的合作，还是组织间协调型的合作，都要考虑参与合作的组织间的资源差，在同一资源类型内的组织间更利于建立合作关系。同时，要特别关注的是，高等学校办学是以专业来推进的，各学校专业之间的发展状况、资源供给、合作需求与学校有一致性，但也有其特殊性，在合作构建时要综合考虑。

参 考 文 献

[1] 龙献忠 . 高等学校组织结构分析及改革研究 [J]. 湖南师范大学教育科学学
　　报，2004（1）：47-51.

[2] 杨洁 . 欧洲中世纪大学的兴起及其成就 [J]. 时代教育，2009（6）：22-23.

[3] 乔雪峰 . 高等学校组织发展和权力分化 [J]. 经济研究导刊，2009（18）：
　　231-232.

[4] 陈晨 . 天津高校图书馆联盟在线信息素质合作教育模式研究 [D]. 天津：天
　　津师范大学，2013.

[5] 联合国教育、科学及文化组织组织法 [EB/OL]. （2022-10-19）[2023-02-22].
　　https://www.unesco.org/zh/legal-affairs/constitution

[6] 谢喆平 . 中国与联合国教科文组织的关系演进：关于国际组织对成员国影
　　响的实证研究 [J]. 太平洋学报，2010（2）：28-40.

[7] 唐轶 . 欧洲高等教育一体化研究 [D]. 南京：南京理工大学，2004.

[8] 彭妙，刘要悟 . 美国高校战略联盟运作方式 [J]. 煤炭高等教育，2010（2）：
　　56-58.

[9] 苏一凡，朱少强，谢卫红 . 广州地区高校间科技创新合作现状探讨：基于
　　2012 年合著论文的计量图谱分析 [J]. 科技管理研究，2014（6）：90-95.

[10] 郑婷 . 汉语教育专业中外合作办学模式探析：以温州大学中泰"3+1"项
　　目为例 [J]. 现代职业教育，2016（30）：28-29.

[11] 项小东 . 中德高校间科研合作对人才培养的重要性：以浙江科技学院与德

国高校间的合作为例 [J]. 浙江科技学院学报，2015（5）：360-365.

[12] 李科利. 长江中游城市群高校科研合作创新：模式、特征、策略：基于 14 所研究型大学的社会网络分析 [J]. 湘潭大学学报，2017（4）：23-27.

[13] 王建军，王正斌. 基于信任和不确定性的组织间合作：一个文献综述 [J]. 西安邮电学院学报，2007（11）：55-59.

[14] 戴维·波普诺. 社会学 [M]. 李强，等译. 北京：中国人民大学出版社，1999.

[15] 孟繁华，田汉族. 走向合作：现代学校组织的发展趋势 [J]. 教育研究，2007（12）：75-78.

[16]IRELAND R D，HITT M A，VAIDYANATH D. Alliance management as a source of competitive advantage[J] . Journal of management，2002，28（3）：413-446.

[17]OSBORN R N，HAGEDOORN J. The institutionalization and evolutionary dynamics of international alliances and networks[J]. Academy of management Journal，1997，40（2）：261-278.

[18] 何晴. 跨组织激励、伙伴关系与绩效：来自中国建筑业的证据 [M]. 北京：首都经济贸易大学出版社，2012.

[19] 赵慧英，林泽炎. 组织设计与人力资源战略管理 [M]. 广州：广东经济出版社，2003.

[20]BARNEY J B. Firm resource and sustained competitive advantage[J]. Journal of Management，1991（1）：99-120.

[21]RANGAY G. Network location and learning：the influence of network resources and firm capabilities on alliance formation[J]. Strategic management journal，1999（5）：397-420.

[22]SIGGELKOW N. Persuasion with case studies [J]. Academy of Management Journal，2007，50（1）：20-24.

[23]GRANT R M，BADEN-FULLER C. A knowledge-based theory of inter-firm

collaboration [D]. Academy of management proceedings，1995（1）：17-21.

[24]DYER J H，SINGH H. The relational view : cooperative st rategy and sources of interoorganizational competitive advantage [J]. Academy of management journal，1998（4）：660-679.

[25]FOSS N J. Network，capabilities and competitive advantage[J]. Scandinavian journal of management，1999（1）：1-15.

[26]KOGUT B，ZANDER U. Knowledge of the firm，combinative capabilities，and the replication of technology[J]. Organization science，1992（3）：383-397.

[27]GULATI R，NOHRIA N，ZAHEER A. Strategic networks [J]. Strategic management journal，2000（3）：203-151.

[28]NOOTEBOOM B. Institutions and forms of coordination in innovation systems [J]. Organization studies，2000（5）：915-939.

[29]DYER H，NOBEOKA K. Creating and managing a high-formance knowledge-sharing network : the Toyota case [J]. Strategic management journal，2000（3）：345-367.

[30]KOGUT B，ZANDER U. Knowledge of the firm，combinative capabilities，and the replication of technology[J]. Organization science，1992（3）：383-397.

[31]WEMERFEH B. A resource-based view of the Firm[J]. Strategic management journal，1984（2）：171-180.

[32]BAENEY J B. Strategic factor markets : expectations，luck，and business strategy[J]. Management science，1986（10）：1231-1241.

[33]DIERICKX I，COOL K，BARNEY J B. Asset stock accumulation and sustainability of competitive advantage[J]. Management science，1989（12）：1504-1514.

[34]PRAHAHD C K，HAMEL G. The core competence of the corporation[J].

Harvard business review，1990（May-June）：79-91.

[35]ACEO F J，BARROSO C，GALAN J L. The resource-based theory：Dissemination and main trends[J]. Strategic management journal，2006（7）：621-636.

[36] 理查德·L 达夫特 . 组织理论与设计 [M]. 王凤彬，张秀萍，译 . 北京：清华大学出版社，2008.

[37] 李焕荣，马存先 . 组织间关系的进化过程及其策略研究 [J]. 科技进步与对策，2007（1）：10-13.

[38] 吴锋 . 面向生产与服务的信息系统与信息技术外包低功率问题研究 [M]. 北京：机械工业出版社，2016.

[39] 刁丽琳 . 产学研合作契约类型、信任与知识转移关系研究 [D]. 广州：华南理工大学，2013.

[40] 文玉菊，冯臻 . 高职院校校企合作过程中信任机制及构建研究：基于组织间信任理论视角 [J]. 职教论坛，2014（17）：82-85.

[41] 马淑文 . 中小企业 R&D 网络联盟绩效研究：R&D 网络联盟属性、联盟行为模式与组织合作公平实证研究 [M]. 北京：科学技术文献出版社，2013.

[42] 罗珉 . 组织间关系理论最新研究视角推广 [J]. 外国经济与管理 .2007（1）：25-22

[43] 潘旭明 . 组织间的合作关系：基于嵌入关系的视角 [J]. 经济学家,2008(2)：96-101.

[44] 闫章荟 . 公共服务供给主体间合作机理研究 [J]. 理论月刊，2014（5）：144-148.

[45] 宋晶，孙永磊 . 合作创新网络能力的形成机理研究：影响因素探索和实证分析 [J]. 管理评论，2016（3）：67-75.

[46] 张丽楠 . 基于共生理论企业战略网络成员间合作关系稳定性研究 [D]. 天津：天津财经大学，2013.

[47] 徐松鹤，韩传峰，邵志国 . 基于演化博弈的区域突发事件组织合作治理策

略分析 [J]. 中国管理科学，2017（8）：123-133.

[48] 陈紫天，林杰. 大学与中小学合作促进教师专业发展的生成机制 [J]. 沈阳师范大学学报（社会科学版），2014（8）：102-104.

[49] 王璞. 组织分析视角下的高等教育系统 [J]. 中国法学教育研究，2006（1）：213-226.

[50] 伯顿·克拉克. 高等教育新论：多学科的研究 [M]. 郑继伟，张维平，张民选，等译. 杭州：浙江教育出版社，1987.

[51] 雷蒙德·E 卡拉汉. 教育与效率的崇拜 [M]. 马焕灵，译. 北京：教育科学出版社，2011.

[52] 吴志宏，冯大鸣，周嘉方. 新编教育管理学 [M]. 上海：华东师范大学出版社，2000.

[53] 罗伯特·G 欧文斯. 教育组织行为学 [M]. 窦卫霖，等译. 上海：华东师范大学出版社，2001.

[54] Fred C L，Allan A O. 教育管理学—理论与实践 [M]. 孙志军，等译. 北京：中国轻工业出版社，2003.

[55] 周光礼，谢清. 中国高等教育研究的前沿与展望：2012 年年度报告 [J]. 中国高教研究 .2013，（7）：23-26.

[56] 伯顿·克拉克. 高等教育系统：学术组织的跨国研究 [M]. 王承绪，徐辉，等译. 杭州：浙江大学出版社，1994.

[57] 程勉中. 论高校的战略联盟 [J]. 高教探索，2005（2）：47-49.

[58] 张新培，赵文华. 世界一流大学战略联盟的组织管理特征及启示 [J]. 比较教育研究，2013（4）：89-94.

[59] 田联进. 从组织的观点看高等教育发展的动力 [J]. 教育探索，2007（6）：21-24.

[60] 申超. 欧洲高等教育一体化的历史演进及其特征分析 [J]. 全球教育展望，2009（7）：51-57.

[61] 邓学军，夏洪胜. 成本考量、资源依赖抑或制度驱使：企业间网络形成动

因分析 [J]. 学术研究，2008（5）：80-86，159.

[62] 史传林 . 社会治理中的政府与社会组织合作绩效研究 [J]. 广东社会科学，2014（5）：81-88.

[63]LISTES O，DEKKER R. A stochastic approach to a case study for product recovery network design[J]. European journal of operation research，2005（1）：268-287.

[64] 高陆 . 供应商评价体系及方法机械科学与技术 [J]. 机械科学与技术，2003（22）：295-298.

[65] 张岳松 . 供应链合作伙伴关系的动态性研究 [D]. 南京：南京工业大学，2005.

[66] 李随成，杨婷 . 知识共享与组织学习对供应链企业间研发合作绩效的影响研究 [J]. 科技进步与对策，2009（10）：97-103.

[67] 付丽茹 . 供应链合作关系及其隐性影响因素研究 [D]. 北京：首都经济贸易大学，2008.

[68] 范惠明 . 高校教师参与产学合作的机理研究 [D]. 杭州：浙江大学，2014.

[69] 张宝生，张庆普 . 基于扎根理论的隐性知识流转网成员合作意愿影响因素研究 [J]. 管理学报，2015（4）：124-129.

[70] 钟玮 . 地方大学校地合作影响因素研究：基于扎根理论方法 [J]. 高教探索，2017（5）：17-21.

[71]LAWERNCE P R，LORSCH J W. Differentiation and integration in complex organizations[J]. Administrative science quarterly，1967（1）：1-47.

[72] 李彦荣 . 教育公共服务体系建设中组织合作的控制因素分析 [J]. 上海教育科研，2014（1）：51-54.

[73] 张秀萍 . 内部供应链与外部供应链的整合 [J]. 北京工商大学学报（社会科学版），2005（1）：83-88.

[74] 李随成，杨婷 . 知识共享与组织学习对供应链企业间研发合作绩效的影响研究 [J]. 科技进步与对策，2009（10）：97-103.

[75] 方青．供应链企业合作利益分配机制研究 [D]. 武汉：武汉理工大学，2004.

[76] 周光礼，吴越．从竞争到合作：C9 联盟组织场域的建构（上）[J]. 高等工程教育研究，2011（4）：58-68.

[77] 孙培青，杜成宪．中国教育史 [M]. 上海：华东师范大学出版社，2009.

[78] 王孙禺，袁本涛，黄明东．高等教育组织管理 [M]. 北京：高等教育出版社，2008.

[79] 刘海燕．高等教育管理学理论体系逻辑起点新探 [J]. 现代大学教育，2001（4）：73-76.

[80] 季诚钧．大学组织属性与结构研究 [D]. 上海：华东师范大学，2004.

[81] 姚启和．高等教育管理学 [M]. 武汉：华中理工大学出版社，2000.

[82] 眭依凡．关于大学组织特性的理性思考 [J]. 高等教育研究，2000（4）：49-52.

[83] 陈学飞．当代美国高等教育思想研究 [M]. 大连：辽宁师范大学出版社，1996.

[84] 赵琦．资源配置视角下的义务教育公平问题研究 [D]. 北京：北京工业大学，2015.

[85] 袁连生．论教育的产品属性、学校的市场化运作及教育市场化 [J]. 教育与经济；2003（1）：11-15.

[86] 劳凯声．面临挑战的教育公益性 [J]. 教育研究，2003（2）：3-9.

[87] 李江源．教育合作何以可能：一种教育制度哲学的解答 [J]. 教育理论与实践，2010（34）：23-27.

[88]Dean Tjosvoldi，粟芳，万洁平．合作与竞争理论的实验研究 [J]. 管理世界，2002（7）：126-133.

[89] 邵士权．论高等教育的合作预期 [J]. 辽宁高等教育研究，1996（9）：18-21.

[90] 史传林．社会治理中的政府与社会组织合作绩效研究 [J]. 广东社会科学，

2014（5）：81-88.

[91] 杨芳芳.大学合作网络模式对创新绩效的影响研究 [D].哈尔滨：哈尔滨工业大学，2013.

[92] 许广.高校知识联盟合作创新与绩效研究 [D].长沙：中南大学，2011.

[93] 韩馥冰.高校知识创新联盟及绩效评价研究 [D].北京：北京交通大学，2013.

[94] 吴君钧，倪玲霖.基于层次分析法的高校产学研合作绩效评价 [J].经营与管理，2016（11）：157-159.

[95] 李恒，李佳凤.校企协同创新绩效评价方法综述 [J].创新，2013（6）：22-25.

[96] 王鲜萍.关于高等教育区域合作绩效评价指标体系的探讨 [J].江苏高教，2010（3）：9-50.

[97] 李琰，李红霞.煤矿安全专家合作网动态演化机理研究 [M].徐州：中国矿业大学出版社，2016.

[98] 杨娟.网络租金的形成机理与分配策略研究 [D].北京：北京工业大学，2015.

[99] 亚伯拉罕·弗莱克斯纳.现代大学论 [M].徐辉，陈晓菲，译.杭州：浙江教育出版社，2001.

[100] 王福友.高等教育系统视野下学院化知识分子的社会功能研究 [J].国家行政学院学报，2003（3）：45-48.

[101] 孙鸿烈.中国资源科学百科全书·资源科学 [M].北京：中国大百科全书出版社，2000.

[102] 李志宏.非政府组织资源整合方式研究：基于个案分析的视角 [D].上海：上海社会科学院，2005.

[103] 安东尼·吉登斯.社会的构成 [M].李康，李猛，译.北京：生活·读书·新知三联书店，1998.

[104] 李汉林.中国单位社会：议论、思考与研究 [M].上海：上海人民出版社，

2004.

[105] 刘精明，等．转型时期的中国社会教育 [M]. 沈阳：辽宁教育出版社，2004.

[106] 顾明远．教育大辞典 [M]. 上海：上海教育出版社，1998.

[107] 范国睿．教育资源分布研究 [J]. 教育发展研究，1998（3）：26-31.

[108] 唐明钊．多元视角的教育资源概念分析 [J]. 现代教育科学，2014（1）:5-8.

[109] 康宁．中国经济转型中高等教育资源配置的制度创新 [M]. 北京：教育科学出版社，2005.

[110]JONES R L，et al. The economics and financing of education [M]. Upper Saddle River：Prentice-Hall，Inc. 1983.

[111] 滕晓雯，薛亮．基于成本视角的高校思想政治教育资源利用问题 [J]. 湖南科技学院学报，2009（7）：94-97.

[112] 汤琳．我国一流大学有形资源优化配置研究 [D]. 哈尔滨：哈尔滨工业大学，2010.

[113] 金建国．企业无形资源的相关问题探析 [J]. 中国软科学，2001（8）：79-82.

[114] 于冬，王元地．基于劳动价值论下的企业无形资产价值评估模型建构 [J]. 科技管理研究，2004（5）：72-74.

[115] 郝云宏，张蕾蕾．持久的竞争优势与战略资源：企业声誉理论研究综述 [J]. 江西社会科学，2006（4）：128-135.

[116] 杨俊，张玉利，杨晓非，等．关系强度、关系资源与新企业绩效：基于行为视角的实证研究 [J]. 南开管理评论，2009（4）：44-54.

[117] 杰弗里·A 迈尔斯．管理与组织研究必读的 40 个理论 [M]. 徐世勇，李超平，等译．北京：北京大学出版社，2017.

[118] 张肖虎，杨桂红．组织能力与战略管理研究：一个理论综述 [J]. 云南财经大学学报，2007（4）：49-54.

[119] 王天力．隐形知识获取、吸收能力与新创企业创新绩效关系研究 [D]. 长

春：吉林大学，2013.

[120]COHEN W M，LEVINTHAL D．Fortune favors the prepared firm[J].
　　Management science，1994（40）：227-251.

[121] 陶芝兰 . 信任模式的历史变迁：从人际信任到制度信任 [J]. 社会经纬，
　　2006（8）：20-23.

[122] 梁莹，王君君 . 社会信任模式与合作型信任的重构 [J]. 重庆社会科学，
　　2012（4）：26-33.

[123] 杨兴凯 . 政府组织间信息共享信任机制与测度方法研究 [D]. 大连：大连
　　理工大学，2011.

[124] 岳武 . 中国高等教育资源配置改革问题及对策研究 [D]. 长春：东北师范
　　大学，2012.

[125] 王卓 . 教育资源配置问题的理论研究：教育学的立场和观点 [D]. 长春：
　　东北师范大学，2005.

[126] 张贺 . 基于合作博弈视角的肉牛产业链利益分配机制研究 [D]. 长春：吉
　　林农业大学，2015.

[127] 陈永平 . 基于资源拓展视角的农产品物流业价值创造能力提升 [J]. 当代
　　财经，2014（4）：74-85.

[128]COHEN W，LEVINTHAL D. Innovation and Learning：the two Faees of
　　R&D[J]. The Ecnomic Journal，1989（397）：569-596.

[129]TACLA C L，FIGUEIREDO P N．The dynamics of technological learning
　　inside the latecomer firm：evidence from the capital goods industry in Brazil [J].
　　International Journal of technology management，2006（36）：62-90.

[130]HANNAN M T，FREEMAN J H. The population ecology of organizations[J].
　　American journal of sociology，1977（82）：929-964.

[131] 董向芸，沈亚平 . 组织群生态理论视角下高校改革与发展战略研究 [J].
　　中国高教研究，2011（10）：20-22.

[132] 罗珉 . 组织理论的新发展：种群生态学理论的贡献 [J]. 外国经济与管理，

2001（10）：34-37.

[133] 梁磊 . 中外组织生态学研究的比较分析 [J]. 管理论坛，2004（3）：51-57.

[134] 彭璧玉 . 组织生态学理论述评 [J]. 经济学家，2006（5）：111-117.

[135] Eisenhardt K M. Building theories from case study research [J] .Academy of Management Review，1989，14（4）：532-550.

[136] 冯雪飞，董大海 . 案例研究法与中国情境下管理案例研究 [J]. 管理案例研究与评论，2011（3）：236-241.

附　　录

附录A　调查问卷1：合作意愿及合作需求的调查

A部分：学校基本情况

首先，我想了解一下贵校和您的一些基本情况，仅供分析使用，请您不要介意。

A1：贵校的名称（此题非必答题）

A2：贵校所属的类型

A21：学校的举办者

□教育部　□其他部委所属　□省属高校　□其他　□不清楚

A22：学校的性质

□综合大学　□理工院校　□文法院校　□师范院校　□农林院校

□艺术大学　□医药院校　□财经院校　□其他

A23：学校的办学类型

□研究型大学　□教学研究型大学　□教学型大学

A24：学校的其他类型

□"985"高校　□非"985"的"211"高校　□非"985"非"211"高校

A25：学校是否设有研究生院

□是　□否

A3：您的身份是

□高校管理人员　□高校教师　□在校学生

A4：如果您是学校的教师或管理人员，请填写如下信息

A41：您从事高校管理（教学）工作的时间

□不足 5 年　□ 5 ～ 10 年　□ 11 ～ 15 年　□ 16 ～ 20 年　□ 20 年以上

A42：您的职称

□正高级职称　□副高级职称　□中级职称　□中级职称以下

A43：您的学历

□博士研究生　□硕士研究生　□本科　□本科以下

A5：如果您是学校的在读学生，请填写如下信息：

A51：您的年级

□大学一、二年级　□大学三、四年级　□硕士研究生　□博士研究生

A52：您的年龄

□ 20 岁以下　□ 20 岁到 25 岁　□ 26 岁到 30 岁　□ 30 岁以上

A53：您的专业属于：

□理工类　□人文类　□经管类　□艺术类　□其他

B 部分：院校间合作基本情况

B1：贵校参与教育合作的主要推动者有哪些（多选）

□国家和地方政府　□学校　□学院　□教师自发　□学生自发

B2：贵校参与教育合作的主要内容有哪些（多选）

□办学研讨　□教学资源共享　□师资培训（含访问学者）

□学生培养（含交换培养）　□科研合作　□体育文化交流

□其他（请写出）

B3：贵校参与教育合作的主要形式有哪些（多选）

□人员流动（含教师和学生）　□项目制　□组建独立机构

□参与教育合作联盟　□其他（请写出）

B4：请对您参与的教育合作进行一个简单的评价（若您没参与过任何教育合作，请跳过此题）

B41：您对与其他院校的合作是否满意

□满意　□比较满意　□一般　□比较不满意　□非常不满意

B42：在您参与的合作中，您是否可以清楚地知道合作的目的

□清楚　□比较清楚　□一般　□比较不清楚　□非常不清楚

B43：在您参与的合作中，您是否可以清楚地知道合作伙伴的优势和不足

□清楚　□比较清楚　□一般　□比较不清楚　□非常不清楚

B44：请评价一下您在合作中的收获

□有很大收获　□有较大收获　□有一些收获　□没有收获　□有负面收获

B45：如果在合作中没有收获或有负面的收获，您认为最主要的原因是什么？

C 部分：教育合作的动因和合作的收益

C1：贵校是否愿意参与教育合作

□非常愿意　□愿意　□一般　□不愿意　□非常不愿意

C2：如果贵校不愿意参与教育合作，您认为主要的原因有哪些？

　请写出：

C3：贵校参与教育合作，是为了满足哪类主体的需要

	非常认同	比较认同	一般	不认同	非常不认同
满足社会发展需要					
满足学校或学院发展的需要					
满足教育者的需要					
满足受教育者的需要					

C4：对社会而言，高校参与院校间合作可以促进下列哪些方面

	非常认同	比较认同	一般	不认同	非常不认同
学校办学更加符合社会发展需求					
优化教育资源的投入					
科研成果更好地服务社会					
受教育者享受更高水平的教育					

C5：对学校和学院而言，高校参与院校间合作可以促进

	非常认同	比较认同	一般	不认同	非常不认同
改善学校的办学条件					
提高学科建设水平					
提高科研工作的整体水平					
优化专业及课程设置					

促进教师改进教学内容、教学方法和丰富教学手段				
优化师资队伍的学历结构				
优化师资队伍的职称结构				
提高学校的办学声誉				
丰富学校的体育文化交流				
提高学校的管理水平				
提高用人单位满意度				
实现高校间的教师流动				
丰富学生的学缘结构				

C6：就教育者而言，高校参与院校间合作可以促进

	非常认同	比较认同	一般	不认同	非常不认同
与其他学校的交流					
扩大科研合作的范围					
促进科研合作的深度					
促进科研合作的频度					
提高科学研究水平					
改进教学内容					
丰富教学方法和教学手段					

C7：从受教育者（学生）的视角看，高校参与院校间合作可以促进

	非常认同	比较认同	一般	不认同	非常不认同
增加与其他学校学生交流的机会					
了解不同学校的教学教法					
享受更优质的教育资源					
在未来的就业中有更多的选择					
在未来的深造中有更多的选择					
提高用人单位满意度					

附录 B　全国高等教育统计数据（2006—2017）

学校数目（单位：所）和学生数量情况（单位：人）					
年份	公办学校数	民办高校数	公办校在校学生数	民办校在校学生数	公办校毕业生数	民办校毕业生数
2007 年	1 613	295	15 409 076	3 439 878	3 910 984	566 923
2008 年	1 625	638	16 282 839	3 927 410	4 310 338	809 160
2009 年	1 649	656	17 086 762	4 359 808	4 397 864	913 159
2010 年	1 684	674	17 653 398	4 664 531	4 687 743	1 066 502
2011 年	1 713	696	18 138 995	4 946 083	4 886 661	1 194 904
2012 年	1 736	706	18 685 141	5 228 014	4 974 871	1 272 467
2013 年	1 774	717	19 211 637	5 469 089	5 090 156	1 297 054
2014 年	1 802	727	19 731 513	5 745 486	5 207 006	1 386 665
2015 年	1 827	733	20 287 716	5 965 252	5 335 173	1 473 693
2016 年	1 855	741	20 796 398	6 162 035	5 501 239	1 540 561

教师数目情况（单位：人）			
年份	公办高校教职工数	民办高校教职工数	公办高校专任教师数	民办高校专任教师数
2007 年	1 702 213	272 313	989 140	179 160
2008 年	1 747 015	304 014	1 034 994	202 457
2009 年	1 781 252	330 199	1 073 340	221908
2010 年	1 807 913	348 688	1 106 753	236 374
2011 年	1 833 406	371 413	1 140 306	252 370
2012 年	1 866 934	387 438	1 173 117	267 175
2013 年	1 897 862	398 400	1 215 450	281 415
2014 年	1 922 899	412 824	1 240 556	293 954
2015 年	1 945 706	423 620	1 267 748	304 817
2016 年	1 973 426	431 358	1 290 456	311 512

专任教师职称情况（单位：人）					
年份	公办高校正高级人数	公办高校副高级人数	公办高校中级及以下	民办高校正高级人数	民办高校副高级人数	民办高校中级及以下
2007 年	102 874	283 263	603 003	16 777	43 037	119 346
2008 年	110 046	296 015	628 933	18 920	46 684	136 853
2009 年	117 999	309 943	645 398	20 162	50 732	151 014
2010 年	126 213	321 891	658 649	22 339	55 334	158 701
2011 年	135 114	335 833	669 359	24 577	58 856	168 937
2012 年	143 192	349 747	680 178	26 231	62 945	177 999
2013 年	154 482	366 090	694 878	27 019	66 266	188 130
2014 年	161 233	379 129	700 194	27 903	69 496	196 555
2015 年	167 714	391 112	708 922	28 324	71 713	204 780
2016 年	174 141	400 542	715 773	28 013	73 259	210 240

附录 C 调查问卷 2：合作的影响因素调查

A 部分：学校基本情况

首先，我想了解一下贵校和您的一些基本情况，仅供分析使用，请您不要介意。

A1：贵校的名称（此题非必答题）

A2：贵校所属的类型

A21：学校的举办者

□教育部 □其他部委所属 □省属高校 □其他 □不清楚

A22：学校的性质

□综合大学 □理工院校 □文法院校 □师范院校 □农林院校

□艺术大学 □医药院校 □财经院校 □其他

A23：学校的办学类型

□研究型大学 □教学研究型大学 □教学型大学

A24：学校的其他类型

□"985"高校 □非"985"的"211"高校 □非"985"非"211"高校

A25：学校是否设有研究生院

□是 □否

A3：您的身份是 □高校管理人员 □高校教师 □在校学生

A4：如果您是学校的教师或管理人员，请填写如下信息

A41：您从事高校管理（教学）工作的时间

□不足 5 年 □5～10 年 □11～15 年 □16～20 年 □20 年以上

A42：您的职称

□正高级职称 □副高级职称 □中级职称 □中级职称以下

A43：您的学历

□博士研究生 □硕士研究生 □本科 □本科以下

A5：如果您是学校的在读学生，请填写如下信息

A51：您的年级

□大学一、二年级　□大学三、四年级　□硕士研究生　□博士研究生

A52：您的年龄

□20岁以下　□20岁到25岁　□26岁到30岁　□30岁以上

A53：您的专业属于

□理工类　□人文类　□经管类　□艺术类　□其他

B 部分：院校间合作基本情况

B1：请对您参与的教育合作进行一个简单的评价（若您没参与过任何教育合作，请跳过此题）

B11：您对与其他院校的合作是否满意

□满意　□比较满意　□一般　□比较不满意　□非常不满意

B12：请评价一下您在合作中的收获

□有很大收获　□有较大收获　□有一些收获　□没有收获

□有负面收获

C 部分：教育合作意愿及满意度

C1：贵校是否愿意参与教育合作

□非常愿意　□愿意　□一般　□不愿意　□非常不愿意

C2：贵校参与教育合作，是为了满足哪类主体的需要

	非常认同	比较认同	一般	不认同	非常不认同
满足社会发展需要					
满足学校或学院发展的需要					
满足教育者的需要					
满足受教育者的需要					

C3：对社会而言，高校参与院校间合作可以促进下列哪些方面

	非常认同	比较认同	一般	不认同	非常不认同
学校办学更加符合社会发展需求					
优化教育资源的投入					
科研成果更好地服务社会					
受教育者享受更高水平的教育					

D 部分：影响高校间合作形成的因素

D1：外部的哪些条件对形成院校间的教育合作有促进作用

	非常认同	比较认同	一般	不认同	非常不认同
制定对院校间合作的政策					
政府为院校间合作提供经费支持					
沟通交流的技术条件发展					
受教育者希望享受更高水平的教育					
民间资本和社会力量的注入					

D2：学校的哪些条件促进了贵校与其他院校间的合作（多选）

	非常认同	比较认同	一般	不认同	非常不认同
校院领导对合作项目的重视和支持					
制定鼓励合作的政策					
匹配参与合作的各类资源					
为参与合作，建立专门的机构					
随时关注和了解合作的进展情况					
能够根据合作进展进行政策调整					
能够根据合作进展追加资源					

D3：您认为影响院校双方合作关系形成的主要因素有哪些（多选）

	非常认同	比较认同	一般	不认同	非常不认同
双方合作意愿的匹配度					
相互间的信任					
风险共担的机制					
知识产权归属					
合作双方的组织协调机制					
收益分配机制					
信息共享机制					

D4：如果请您参与合作项目，您希望参与合作前能够了解（多选）

	非常认同	比较认同	一般	不认同	非常不认同
合作的初始目的					
合作相关的政策					
合作双方的优势					
双方为合作投入的财力物力					
双方为合作投入的人员					
通过合作可能获得的收获					